AF276558

PADRE NUESTRO QUE ESTÁS EN EL CIELO

LUIGI MARIA EPICOCO

PADRE NUESTRO QUE ESTÁS EN EL CIELO

La oración del cristiano

SAN PABLO

© SAN PABLO 2025
Protasio Gómez, 11-15. 28027 Madrid
Tel. 917 425 113
secretaria.edit@sanpablo.es - www.sanpablo.es
© Edizioni San Paolo s.r.l., Cinisello Balsamo (Milán), 2023
www.edizionisanpaolo.it

Título original: *Il Padre Nostro*
Traducción: José Antonio Pérez Sánchez, SSP

Distribución: SAN PABLO. División Comercial
Resina, 1. 28021 Madrid
Tel. 917 987 375
ventas@sanpablo.es
ISBN: 978-84-285-7310-8
Depósito legal: M. 5.876-2025
Impreso en LiberDigital
Printed in Spain. Impreso en España

Todos los derechos reservados. Ninguna parte de esta obra puede ser reproducida, almacenada o transmitida en manera alguna ni por ningún medio sin permiso previo y por escrito del editor, salvo excepción prevista por la ley. La infracción de los derechos mencionados puede ser constitutiva de delito contra la Ley de propiedad intelectual (Art. 270 y siguientes del Código Penal). Si necesita fotocopiar o escanear algún fragmento de esta obra diríjase a CEDRO (Centro Español de Derechos Reprográficos – www.conlicencia.com).

Prólogo

¿Qué es la oración?

La oración es la palabra que utilizamos para indicar la relación de intimidad con la que nos comunicamos con Dios, o con la que, más exactamente, Dios se relaciona con nosotros. Efectivamente, es un error imaginar la oración solo como una acción que va de abajo a arriba. En realidad, la oración es ante todo una iniciativa que Dios toma para suscitar en nosotros una respuesta. «En esto consiste el amor: no en que nosotros hayamos amado a Dios, sino en que Él nos amó y nos envió a su Hijo como víctima de propiciación por nuestros pecados» (1Jn 4,10). La iniciativa es suya. Es Él quien nos amó primero e hizo posible el amor.

Pero esta posibilidad no se da por supuesta ni es obligatoria. Dios nos ama con amor gratuito y nos ha querido libres. Cada uno de nosotros puede decidir si corresponder a este amor o dejar que resbale.

Sin libertad no existiría el amor, e igualmente, sin libertad no podría existir ni siquiera la oración. La obligación de la oración es un cortocircuito muy peligroso. No se puede obligar a orar. Que es una manifestación de la libertad que Dios ha querido regalarnos, y por eso mismo requiere libertad para ser de verdad oración.

Evidentemente, como ha sucedido con todas las cosas básicas de nuestra vida, hubo un momento en el que quienes nos amaron y educaron nos hicieron también el regalo de la oración a través de saludables obligaciones. Efectivamente, como se enseña a un niño a comer o a caminar correctamente, a gestionar su tiempo y sus exigencias mediante algunas reglas y buenos hábitos, así se espera que los buenos padres hayan ofrecido a sus hijos el *hábito* de la oración. Pero todos sabemos que, a medida que un niño va creciendo, desarrolla sus propios gustos y singularidad, y así aprende a entender que comer es importante y caminar correctamente es igualmente necesario, pero comienza a elegir por sí mismo qué comer y adónde ir con sus propios pies. Estos hábitos que se han ido estructurando en él a lo largo del tiempo no son castradores de su ser, sino que son básicos. Sin ellos sería menos libre.

Entre estos hábitos debe estar la oración, con la única diferencia de que, a medida que crecemos, ya no podemos conformarnos con un hábito, debemos preguntarnos cómo la oración puede expresarnos verdaderamente a nosotros mismos. En la práctica, la oración debe convertirse en una manifestación de nuestra singularidad. Así como cada uno de nosotros viene al mundo único e irrepetible, la oración de cada uno es siempre única e irrepetible. Lejos de nosotros pensar que sea una especie de técnica válida para todos. Es más bien una manera de relacionarnos con Dios que requiere el descubrimiento de la propia diversidad. De hecho, lo que podría ayudar a mi oración podría ser, en cambio, una distracción para otra persona. Aprendiendo a orar de cierta manera aprendemos a ser cada vez más nosotros mismos.

¿Una oración pagana?

Es cierto que cuando hablamos de oración entramos en un territorio muy particular que no es fácilmente transitable, sobre todo por todas las ideas distorsionadas que, a lo largo del tiempo, hemos construido en torno a la oración. Por ejemplo, el mayor esfuerzo que hay que hacer para iniciar verdaderamente un camino de oración es liberarla de una especie de moralismo religioso que la ha reducido, en el mejor de los casos, a una fórmula aprendida de memoria y repetida con la única esperanza de que así será posible propiciar la benevolencia de la divinidad. Cuando la oración se convierte solo en formalismo y repetición, entonces, en lugar de ser la expresión de una relación íntima, en realidad es nuestra profesión más peligrosa de paganismo. De hecho, incluso un pagano puede creer que Dios existe, pero se relaciona con Él como con un objeto que trae suerte, que debe ser tratado con respeto solo por temor a incurrir en algún efecto no deseado o contrario a la suerte que esperamos nos conceda.

Esto explica la original devoción de una señora mayor de mi pueblo que, cuando el párroco le preguntó por qué encendía dos velas a san Miguel Arcángel y luego tiraba un beso con la mano al pie del santo y al dragón aplastado bajo su pies, respondió: «Sé que el dragón es el diablo, pero para estar segura enciendo una vela y le doy un beso también a él para que no esté en mi contra».

El alfabeto de los amantes

La oración para un cristiano es como el alfabeto de los amantes. Toda historia de amor está hecha de gestos, palabras, ternura, atenciones, hábitos que tienen principalmente como finalidad manifestar el amor. Un niño, por ejemplo, tiene una enorme necesidad de ternura por parte de su madre. El amor maternal está hecho de miradas, besos, abrazos, cuidados, atenciones. A un niño no le interesa la información abstracta del amor maternal; necesita poder experimentarlo. El amor no es un hecho intelectual sino un hecho experiencial, exactamente como debería serlo la oración. Sin embargo, nos cuesta salir de este tabú. Cuanto más crecemos, más tendemos a intelectualizar esa parte de la vida que, en cambio, necesita seguir siendo principalmente experiencial. El amor, como la oración, es fundamentalmente una experiencia. No es casualidad que Jesús no suscite el deseo de oración mediante un discurso o una reprimenda moralista. Es verlo orar lo que despierta en el corazón de los discípulos el deseo de experimentarlo ellos mismos: «Una vez que estaba Jesús orando en cierto lugar, cuando terminó, uno de sus discípulos le dijo: "Señor, enséñanos a orar, como Juan enseñó a sus discípulos"» (Lc 11,1). Es un detalle que no debemos pasar por alto de ninguna manera, en efecto solo quien ora de verdad despierta en los demás el deseo de orar.

Hablar con Jesús cara a cara

Es necesario recurrir a esta premisa para liberar inmediatamente las páginas de estas reflexiones de la responsabilidad de tener que suscitar lo que nunca podrán hacer. En efecto, estas reflexiones nuestras solo podrán ser una ayuda para aquel a quien el Señor haya dado ya la gracia de experimentar el primer fruto del Espíritu, que es precisamente *el deseo de rezar:* «Del mismo modo, el Espíritu acude en ayuda de nuestra debilidad, pues nosotros no sabemos pedir como conviene; pero el Espíritu mismo intercede por nosotros con gemidos inefables. Y el que escruta los corazones sabe cuál es el deseo del Espíritu, y que su intercesión por los santos es según Dios» (Rom 8,26-27).

A menudo, a quienes me dicen: «¡Padre, me gustaría mucho aprender a rezar!», les hago notar que ya han comenzado a hacerlo porque el Espíritu es el fuego escondido en ese deseo. La primera manera de rezar es desear rezar. Espero que esta afirmación sea liberadora para muchos, especialmente para aquellos que experimentan grandes dificultades para poder hacerlo. Pero es cierto que cualquier camino comienza con el primer paso, y este deseo no es solo el primer paso, sino también el más correcto.

En efecto, no se puede ayudar a nadie a crecer en la oración si no cultiva en su corazón un gran deseo de rezar. A veces es un deseo que surge de las circunstancias de la vida, especialmente cuando esta nos hace sentir necesitados de algo. De hecho, llama la atención que la mayoría de las personas que acuden a Jesús en el evangelio no lo hacen inicialmente porque quieran encontrar al Hijo de Dios, sino solo porque una enfermedad, un mal, una circunstancia adversa les empuja a buscar a quien podría liberarlos. Pero la desesperación inicial que los había movido hacia Jesús muchas veces al final se convierte en fe. Así, la oración puede surgir de circunstancias particulares que experimentamos en nuestra vida, pero cuando se vive con seriedad puede convertirse en la puerta que nos lleva a la verdadera fe.

Es significativa la historia de la curación de la hemorroísa que cuenta el evangelio: «Había una mujer que padecía flujos de sangre desde hacía doce años. Había sufrido mucho a manos de los médicos y se había gastado en eso toda su fortuna; pero, en vez de mejorar, se había puesto peor. Oyó hablar de Jesús y, acercándose por detrás, entre la gente, le tocó el manto, pensando: "Con solo tocarle el manto curaré". Inmediatamente se secó la fuente de sus hemorragias y notó que su cuerpo estaba curado» (Mc 5,25-29).

En realidad podríamos terminar aquí la historia de este milagro porque la convicción profunda de esta mujer es ya una fe que da fruto, tanto que obtiene la curación. Sin embargo, la historia continúa: «Jesús, notando que había salido fuerza de él, se volvió enseguida, en medio de la gente y preguntaba:

"¿Quién me ha tocado el manto?". Los discípulos le contestaban: "Ves cómo te apretuja la gente y preguntas: '¿Quién me ha tocado?'». Él seguía mirando alrededor, para ver a la que había hecho esto. La mujer se acercó asustada y temblorosa, al comprender lo que le había ocurrido, se le echó a los pies y le confesó toda la verdad. Él le dice: "Hija, tu fe te ha salvado. Vete en paz y queda curada de tu enfermedad"» (Mc 5,30-34).

Esto es la oración: no simplemente obtener gracias, sino poder mirar a Jesús a los ojos, hablar con él cara a cara.

Oración y búsqueda de sentido

Hay que decir también que la oración puede surgir además de la búsqueda de sentido a la propia existencia. Muchas mujeres y hombres están dotados de una interioridad extraordinaria que les hace darse cuenta de la inutilidad de muchas cosas a las que normalmente damos importancia –dinero, carrera, bienes, aprobación y muchas otras cosas– y se preguntan: «¿Realmente por qué merece la pena vivir?». Esta pregunta se vuelve aún más radical ante el pensamiento de la muerte: «¿Qué sentido tiene la vida si todo va a acabar en polvo?». Estas cuestiones existenciales pueden convertirse en un gran motor para la experiencia de la oración, no como camino de consuelo, sino como búsqueda de sentido que haga posible atravesar también el mismo miedo a la muerte que todos tenemos y que intentamos por todos los medios reprimir. De hecho, la oración no nos salva de las tormentas y crisis de la vida, sino que nos da la oportunidad de encararlas de frente.

Jesús orante

Es el evangelio de Lucas el que, más que todos los demás, pone ante nuestros ojos a *Jesús orante*. En cada momento crucial de la vida de Jesús, el evangelista siempre nos dice que él está en oración. Casi podríamos decir que, leyendo las páginas de Lucas, podemos comprender el secreto de Jesús: su relación íntima y profunda con su Padre. Incluso en la soledad más dramática del Getsemaní, como veremos más adelante, Lucas inserta la presencia de un ángel: «Y se le apareció un ángel del cielo, que lo confortaba» (Lc 22,43). Casi parece querer decirnos que en el momento en que Jesús está más solo, en realidad no está totalmente solo.

La oración es cultivar la certeza de que no estamos solos incluso cuando nos parece que lo estamos.

Si la oración es el secreto de Jesús, como bautizados también nosotros debemos atesorar de alguna manera este secreto y entrar en él. *«Enséñanos a orar»* es entonces la sentida exclamación que debe acompañarnos a lo largo de toda nuestra reflexión. Sabemos que Jesús responde a esta petición con la oración del Padrenuestro. Las páginas siguientes serán un comentario a esta oración enseñada por el mismo Jesús, que, lejos de ser una simple fórmula, es más bien la *forma* de toda oración cristiana.

No seguiremos la versión de Lucas, sino la del evangelista Mateo, que en su relato nos ofrece la oración del Padrenuestro en la versión más conocida y utilizada por todos nosotros. Pero antes de hacerlo creo que es útil que nos detengamos en las dos premisas que precisamente el evangelista Mateo pone en boca de Jesús como introducción a la oración del Padrenuestro.

Oración y apariencia

La primera se refiere al gran tema de la apariencia: «Cuando oréis, no seáis como los hipócritas, a quienes les gusta orar de pie en las sinagogas y en las esquinas de las plazas, para que los vean los hombres. En verdad os digo que ya han recibido su recompensa. Tú, en cambio, cuando ores, entra en tu cuarto, cierra la puerta y ora a tu Padre, que está en lo secreto, y tu Padre, que ve en lo secreto, te lo recompensará» (Mt 6,5-6). Creo que es peligroso pensar que Jesús solo se refiere al vanidoso alarde de alguien. Todos necesitamos sentir la mirada de bendición de los demás sobre nosotros, es más, deberíamos decir que nuestra vida la percibimos buena o mala muy a menudo a partir de la mirada de los demás. Pensar que podemos prescindir de ella es una ilusión piadosa.

Jesús lo sabe bien, por eso no dice que dejemos de buscar la mirada de los demás, solo dice que busquemos la única mirada que nos puede permitir vivir sin alterar de ninguna manera la verdad de nosotros mismos, y esa es la mirada de Dios. *El Padre que está en lo secreto* es el camino que Jesús indica para liberarnos de las miradas opresoras de todos los demás.

La oración se convierte así en el lugar donde se produce la liberación de la dependencia de los demás. Ya no necesitamos parecer mejores, atractivos y exitosos; ante Dios podemos ser nosotros mismos, y esta autenticidad es precisamente el don más hermoso de la oración. El secreto del que habla Jesús no es intimismo ni individualismo espiritual, sino un espacio de intimidad en el que tenemos la libertad de despojarnos de todas nuestras máscaras y ser simplemente nosotros mismos. La oración se convierte así en un entrenamiento para desintoxicarnos de toda forma de hipocresía, con la conciencia de que, muy a menudo, es síntoma del dolor de no aceptarnos a nosotros mismos y no necesariamente de la inclinación hacia alguno de nuestros pecados.

Las palabras de la oración

La segunda premisa que Jesús hace respecto a la oración del Padrenuestro se refiere a la realización de la oración misma: «Cuando oréis, no desperdiciéis palabras como los paganos: creen que con las palabras se les escucha. Por tanto, no seáis como ellos, porque vuestro Padre sabe lo que necesitáis antes de que se lo pidáis» (Mt 6,7-8). Todo el mundo sabe que, normalmente, cuando estamos nerviosos, hablamos mucho, incluso diciendo muchas tonterías. Sin embargo, cuando nos encontramos con alguien a quien amamos de verdad, una de las características más bellas de esa intimidad es precisamente la reducción de las palabras. No hay necesidad de hablar, puedes quedarte en silencio porque hay algo llamado «química» para llenar el espacio de silencio. Las palabras son inútiles ante quien nos ama de verdad, porque muchas veces ya intuyen lo que llevamos en el corazón.

Si esto es cierto en nuestras relaciones, lo es aún más en nuestra comunicación con Dios. En este sentido las palabras en la oración deben elegirse con cuidado y, sin duda, no para intentar convencer a

Dios. De hecho, Él ya está convencido de que nos ama y, precisamente por eso, está completamente de nuestro lado, no necesita ningún empujón en este sentido. Si Dios nos pide que hablemos es solo porque lo necesitamos nosotros, de hecho a veces hablar nos ayuda a poner orden y a intuir un significado que hasta ese momento estaba oculto. Pero ahora dejemos espacio para la lectura completa de la oración del Padrenuestro porque, aunque probablemente todos nos la sepamos de memoria, será útil detenernos en el texto, ralentizando la lectura y permitiendo así que las palabras de Jesús nos entren dentro de una manera nueva. Efectivamente, «gustar» es el mejor verbo para describir la vida espiritual: «Gustad y ved qué bueno es el Señor, dichoso el que se acoge a Él» (Sal 34,9).

***

Cuando oréis, no seáis como los hipócritas, a quienes les gusta orar de pie en las sinagogas y en las esquinas de las plazas, para que los vean los hombres. En verdad os digo que ya han recibido su recompensa. Tú, en cambio, cuando ores, entra en tu cuarto, cierra la puerta y ora a tu Padre, que está en lo secreto, y tu Padre, que ve en lo secreto, te lo recompensará. Cuando recéis, no uséis muchas palabras, como los gentiles, que se imaginan que por hablar mucho les harán caso.

No seáis como ellos, pues vuestro Padre sabe lo que os hace falta antes de que lo pidáis. Vosotros orad así:

Padre nuestro que estás en el cielo,
santificado sea tu nombre,
venga a nosotros tu Reino,
hágase tu voluntad
en la tierra como en el cielo,
danos hoy nuestro pan de cada día,
perdona nuestras ofensas,
como también nosotros perdonamos
a los que nos ofenden,
no nos dejes caer en la tentación,
y líbranos del mal (Mt 6,5-13).

1
Padre nuestro que estás en el cielo

«*¡Abba!, ¡Abba!*»

Viví un período de mi vida, corto pero intenso, en Jerusalén. Muchas veces deambulaba solo por las callejuelas de esa evocadora ciudad que rezuma contradicción y espiritualidad. Para mí caminar significaba dejar entrar en mi mente y en mi corazón los colores, los paisajes y los rostros de aquella gente que todavía hoy considero un hilo precioso de comunión con Jesús. Cuando se ama a alguien, todo lo relacionado con esa persona nos interesa, sin saciarnos nunca del todo.

Una tarde estaba tratando de hacerme un hueco entre la multitud de peregrinos que recorrían las callejuelas de la ciudad vieja, cuando en cierto momento me encontré con una familia judía que seguramente se dirigía hacia el Muro de las lamentaciones para orar. Un niño pequeño empezó a correr para tomar la mano de su padre, gritando varias veces «¡*Abba!*, ¡*Abba!*», y agarrándose a su mano se calmó y sonrió. Oír la palabra «*Abba*» en boca de un niño me impresionó mucho. De hecho, la palabra «*Abba*» que Jesús utiliza al inicio de la oración del Padrenuestro es la fórmula afectuosa que utiliza un niño para dirigirse a su padre. No es una palabra formal, sino una palabra de cariño que expresa amor de la manera más intensa. Aquella palabra pronunciada por aquel niño aquella tarde en Jerusalén me abrió un rayo de luz nueva precisamente sobre la elección de Jesús al enseñarnos la mejor manera de dirigirnos a Dios.

La preocupación de Jesús es anular la distancia que solemos percibir cuando pensamos en Dios. Él no es solo el Creador, el Eterno, el Infinito, el Omnipotente, sino que es, sobre todo, Alguien que quiere ser considerado por el amor que nos tiene. Hay quien dice, con razón, que lo más interesante de Dios no es el hecho de que exista, sino el hecho de que nos ama. Efectivamente, saber que soy amado me cambia la vida. Saber, en cambio, que a una distancia infinita de mi ser criatura hay un Ser Superior puede no cambiar nada en mi pequeña aventura humana. Pero precisamente por eso debemos tener el coraje de mirar el corazón mismo de la palabra que usa Jesús y comprender por qué está ahí como comienzo de toda verdadera oración.

Experiencia de paternidad

Como acabamos de decir, «*Abba*» es una palabra cariñosa que usan los niños para dirigirse a su padre, y precisamente por eso Jesús la elige para comunicar una relación positiva de amor con Dios. Pero la palabra «padre» para Jesús es positiva por una razón muy sencilla: en su vida terrena él tuvo un padre adoptivo llamado José que influyó certeramente en toda su forma de ver el mundo. Basta ver cuántas veces Jesús, en sus parábolas y en las historias que cuenta habla de los padres, y cómo utiliza precisamente la paternidad para explicarnos de manera convincente qué es la misericordia.

La parábola del Padre misericordioso narrada en el capítulo 15 de Lucas es el máximo ejemplo de esta opción de Jesús. En lugar de mostrarnos una figura paterna severa e intransigente, Jesús nos habla de un hombre que sabe tener paciencia con los excesos de su hijo menor hasta el punto de aceptar su partida. Tomar la herencia paterna es una clara señal de desprecio hacia el padre, una forma de declarar su muerte prematuramente. Pero ese hijo, que se siente tan tremendamente vivo mientras derrocha todas sus posesiones en fiestas, prostitutas y entretenimientos, no sabe que está muerto. El Padre, en cambio, lo sabe, pero a pesar de ello sigue esperando y aguardando. Por eso, cuando el hijo aún está lejos, al regresar a casa, lo ve su Padre, que durante todo ese tiempo no ha dejado de mirar al horizonte en la dolorosa espera de ese regreso. Corre hacia él, lo abraza, lo besa, le impide terminar su fórmula de arrepentimiento y hace una fiesta porque lo que le importa es que ese hijo muerto ha vuelto a la vida, estaba perdido y ha sido encontrado.

El retrato paternal que se desprende de esta historia parece entrar en conflicto con el imaginario colectivo, y estamos tan seguros de ello que en la misma parábola Jesús continúa el relato poniendo en boca de su hijo mayor todo el malestar por semejante actitud considerada injusta y tal vez hasta poco educativa: «Mira: en tantos años como te sirvo, sin desobedecer nunca una orden tuya, a mí nunca me has dado un cabrito para tener un banquete con mis amigos; en cambio, cuando ha venido ese hijo tuyo que se ha comido tus bienes con malas mujeres, le matas el ternero cebado» (Lc 15,29-30). Pero Jesús no retrocede en su convicción, y hace decir al Padre que toda esa alegría es en definitiva el verdadero amor: «Hijo, tú estás siempre conmigo, y todo lo mío es tuyo; pero era preciso celebrar un banquete y alegrarse, porque este hermano tuyo estaba muerto y ha revivido; estaba perdido y lo hemos encontrado» (Lc 15,31).

Cuando Jesús usa la palabra «padre», por lo tanto, guarda interiormente un término positivo de comparación, que es precisamente, como decíamos, José. Pero ¿estamos seguros de que todos nosotros hemos interiorizado una experiencia positiva de la paternidad? Y si, en cambio, hemos tenido una experiencia de paternidad que nos ha herido, ¿no correremos tal vez el riesgo de ensuciar, incluso, la imagen de Dios superponiendo nuestra experiencia a las palabras de Jesús?

Por supuesto que sí. Por eso la palabra «Padre» es una palabra indicativa, es decir, una palabra que nos indica una experiencia de amor positivo. Cada uno debe encontrar, entonces, en sí mismo una experiencia positiva de amor a la que referirse cuando piensa en Dios y se dirige a Él. Jesús no quiere coartar nuestro lenguaje, sino llenarlo de significado. Decir que Dios es Padre significa decir que cuando pensamos en Él debemos pensar siempre en Él como Alguien que nos ama, y no como Alguien lejano, frío, indiferente a nosotros.

Una vez me tocó oír la duda atroz de un chiquillo que había perdido a sus padres de pequeño y que, junto con su hermana, había sido criado por una abuela. Esta mujer había sido su familia, su hogar, su amor. No tenían grandes posibilidades económicas y, sin embargo, había criado a estos hijos, hijos de su única hija, con una generosidad y abnegación que había dejado una huella imborrable en sus corazones. Hablándome este chiquillo me confió una dificultad: «Cuando rezo no logro pensar en Dios como en un padre. Yo no he tenido padre. Cuando pienso en Dios pienso en él como en mi abuela, con esa misma mirada, con esa paz, con esa ternura». Le dije que hacía muy bien, porque su abuela había sido la forma en que Dios lo había cuidado, y por tanto estaba autorizado a dejarse ayudar por su recuerdo para pensar en Él. Esto es lo que significa dejarnos evangelizar por la palabra «padre»: cada uno de nosotros debe ser capaz de pensar en Dios relacionándolo con lo más bello y lleno de amor que hayamos experimentado en nuestra vida.

El maligno sabe que cuando rezamos de esta manera, el poder de la oración se vuelve inmediatamente eficaz, y por eso trata de hacernos olvidar por todos los medios las experiencias positivas de amor enfatizando las negativas. No es casualidad que, cuando Jesús fue tentado por el diablo en el desierto, este dijera más de una vez: «Si eres Hijo de Dios...» (Mt 4,3.9). El diablo desafía la filiación de Jesús. Esto es lo que sigue haciendo con cada uno de nosotros: Si es verdad que te ama, ¿por qué ha hecho que suceda esto? Si es cierto que te ama, ¿por qué no tienes los medios para afrontar esta situación? Si es cierto que Él te ama, ¿por qué ha permitido la muerte de quien amabas o ha dejado que enfermaras con una enfermedad que te va a matar?

Son argumentos convincentes que tienen como objetivo destruir la convicción de ser amados por Dios. El mismo Jesús experimenta en su persona esta tentación, y hasta las extremas consecuencias de la cruz no dejará de confiar en su Padre, incluso cuando se sienta solo y abandonado en la cruz. Esta confianza es la verdadera razón por la que venció. Dice san Pablo: Cristo Jesús «se humilló a sí mismo, hecho obediente hasta la muerte, y una muerte de cruz. Por eso Dios lo exaltó sobre todo y le concedió el Nombre-sobre-todo-nombre» (Flp 2,8-9).

Dios es nuestro padre

El mal quiere destruir nuestra relación de filiación con Dios, quiere convencernos de que Él no es nuestro Padre. Creer es defender esta convicción contra todos los ataques del mal. Por esto, quien cultiva una vida espiritual debe dejarse educar por un sano realismo en el que sepa atesorar aunque sea una ínfima porción de luz presente en su propia vida y en su propia historia. Con demasiada facilidad se nos ocurre decir que todo es negro en nuestra vida, pero en realidad, en medio de la oscuridad y de las pruebas, siempre hay una porción de luz que el Señor nos da para poder seguir adelante y afrontar las cosas.

Inmediatamente nos viene a la mente la historia del profeta Elías que, aplastado por el desaliento, llega incluso a desear la muerte: «Luego anduvo por el desierto una jornada de camino, hasta que, sentándose bajo una retama, imploró la muerte diciendo: "¡Ya es demasiado, Señor! ¡Toma mi vida, pues no soy mejor que mis padres!". Se recostó y quedó dormido bajo la retama» (1Re 19,4-5). Hay momentos en la vida en los que no vemos ninguna salida e incluso nuestra oración se convierte en oración desesperada que desea solo la muerte como solución. La impresión que tiene Elías es la de su soledad y la imposibilidad de salir de la crisis que lo asedia: «Ardo en celo por el Señor, Dios del universo, porque los hijos de Israel han abandonado tu alianza, derribado tus altares y pasado a espada a tus profetas; quedo yo solo y buscan mi vida para arrebatármela» (1Re 19,14). En la práctica, Elías lo ve todo negro, no hay salida. Pero el Señor le da otra versión de la realidad, esta vez más verdadera que la suya: «Vuelve a tu camino en dirección al desierto de Damasco. Cuando llegues, unge rey de Siria a Jazael, rey de Israel a Jehú, hijo de Nimsí, y profeta sucesor tuyo a Eliseo, hijo de Safat, de Abel Mejolá. Dejaré un resto de siete mil en Israel: todas las rodillas que no se doblaron ante Baal y todas las bocas que no lo besaron» (1Re 19,16.18). En la práctica, Dios muestra a Elías que no todo es oscuridad, sino que todavía hay esperanza y hay que valorar la luz.

La oración es ese lugar donde intentamos dar valor a la luz y poner en minoría las tinieblas, y para ello Jesús parece sugerirnos que debemos acudir a Dios pensando en las cosas más hermosas y positivas que hemos experimentado en la vida. Esto dio al beato Juan Pablo I la libertad de decir en el Ángelus del 10 de septiembre de 1978: «Los que estamos aquí tenemos los mismos sentimientos; somos objeto de un amor sin fin de parte de Dios. Sabemos que tiene los ojos fijos en nosotros siempre, también cuando nos parece que es de noche. Dios es Padre, más aún, es madre. No quiere nuestro mal; solo quiere hacernos bien, a todos. Y los hijos, si están enfermos, tienen más motivo para que la madre los ame. Igualmente nosotros, si acaso estamos enfermos de maldad o fuera de camino, tenemos un título más para ser amados por el Señor».

Quien reza debe estar dispuesto a romper todas aquellas imágenes de Dios que impiden el amor. Lo enseña también el Catecismo de la Iglesia católica: «La *purificación* del corazón concierne a imágenes paternales o maternales, correspondientes a nuestra historia personal y cultural, y que impregnan nuestra relación con Dios» (n. 2779). Dios quiere ser conocido a través de este atributo del amor y este es el motivo por el que envió a su Hijo Jesús. Toda la misión de Jesús es convencernos de que somos amados, por eso: para enseñarnos a orar, él parte de esta certeza básica. Cuestionar el amor que Dios nos tiene significa cuestionar nuestra propia fe.

Cada vez que pronunciamos esta palabra inicial de la oración enseñada por Jesús debemos dejar fluir en nosotros la certeza del amor, no la angustia de tener que convencer a Dios de que nos ame. Si no tienes fe en creer que Dios te ama, entonces lo primero que tienes que hacer es pedir esta fe, porque solo ella te permitirá rezar de manera cristiana. La verdadera oración cristiana tiene como fundamento la certeza de este amor. Pero la certeza de este amor es propiamente uno de los dones del Espíritu: «Cuantos se dejan llevar por el Espíritu de Dios, esos son hijos de Dios. Pues no habéis recibido un espíritu de esclavitud, para recaer en el temor, sino que habéis recibido un Espíritu de hijos de adopción, en el que clamamos: "¡Abba, Padre!"». Ese mismo Espíritu da testimonio a nuestro espíritu de que somos hijos de Dios» (Rom 8,14-16). Si pensamos que no tenemos esta fe, no nos desanimemos pero comportémonos como aquel padre desesperado que, acudiendo a Jesús para pedir la curación de su hijo, le oye decir: «"¿Si puedo? Todo es posible al que tiene fe". Entonces el padre del muchacho se puso a gritar: "Creo, pero ayuda mi falta de fe"» (Mc 9,23-24).

Oración y fraternidad

Inmediatamente después de la palabra «Padre», Jesús pone el adjetivo posesivo «nuestro». No usa el adjetivo «mío» por una razón muy sencilla: la condición para dirigirnos a Dios como Padre es reconocernos hermanos entre nosotros. La paternidad de Dios y la fraternidad entre nosotros no pueden separarse. Nuestra relación con Dios no puede estar en contradicción con la relación con nuestros hermanos y hermanas: «Si alguno dice: "Amo a Dios", y aborrece a su hermano, es un mentiroso; pues quien no ama a su hermano, a quien ve, no puede amar a Dios, a quien no ve. Y hemos recibido de Él este mandamiento: quien ama a Dios, ame también a su hermano» (1Jn 4,20-21).

Jesús añade aquí, pues, un detalle decisivo en la oración que enseña a sus discípulos: no puede cultivarse ninguna verdadera oración mientras no se cultive una verdadera fraternidad. Lo que hace verdadera una oración es el intento de amar a quien tenemos a nuestro lado. Y el amor no es simple tolerancia, sino que es amor a la manera de Cristo que, sin medias tintas, dice:

Habéis oído que se dijo: «Amarás a tu prójimo» y aborrecerás a tu enemigo. Pero yo os digo: Amad a vuestros enemigos y rezad por los que os persiguen, para que seáis hijos de vuestro Padre celestial, que hace salir su sol sobre malos y buenos, y manda la lluvia a justos e injustos. Porque, si amáis a los que os aman, ¿qué premio tendréis? ¿No hacen lo mismo también los publicanos? Y, si saludáis solo a vuestros hermanos, ¿qué hacéis de extraordinario? ¿No hacen lo mismo también los gentiles? Por tanto, sed perfectos, como vuestro Padre celestial es perfecto (Mt 5,43-48).

Él mismo dio testimonio de tal amor con su vida, hasta el punto de perdonar a sus propios verdugos cuando estaba a punto de morir. Está claro, sin embargo, que ninguno de nosotros puede decir que consigue vivir plenamente de esta manera. Pero Jesús está indicando un camino, una dirección a seguir, una actitud sobre la que trabajar. Quien quiera crecer en su vida de oración debe invertir cualitativamente en las relaciones que componen su vida. Solo este trabajo horizontal continuo nos pone en condiciones de experimentar nuestra dimensión vertical de una manera nueva.

Y precisamente por eso, en lugar de pensar que mejorar la oración solo significa superar algunas distracciones, o trabajar en la realización de la oración misma, en realidad, para crecer en la vida de oración debemos dedicarnos de todo corazón a hacer crecer el amor hacia quienes el Señor pone a nuestro lado. Y si nos cuesta, no debemos asustarnos, porque el esfuerzo en este ámbito de la vida es una bendición: así como quien va al gimnasio sale cansado del entrenamiento, y precisamente esto atestigua que se ha realizado bien la actividad física, del mismo modo quien experimenta esfuerzo al amar a los demás en realidad está atrayendo muchos beneficios a su vida y realmente está construyendo las bases de su propia experiencia espiritual. De hecho, es una tentación pensar en crecer en el amor de Dios sin pasar por el amor al prójimo. El verdadero cuerpo de la oración es el rostro de los hermanos. Una frase de los padres del desierto afirma: «Del prójimo vienen la vida y la muerte [cf Dt 30,15]: en efecto, si ganamos al hermano [cf Mt 18,15], ganamos a Dios; pero si escandalizamos a nuestro hermano [cf Mt 18,16], pecamos contra Cristo».

El amor de Dios es diferente

La especificación *«que estás en los cielos»* podría inducirnos a error haciéndonos pensar en un lugar más que en una característica de Dios. No es una manera de expresar la lejanía de Dios, sino la diferencia radical que supone su manera de amar. Efectivamente, todo amor en este mundo está marcado por nuestros límites, por nuestra fragilidad, por nuestra condición de creaturas. Todos hemos experimentado que, incluso el mejor amor de este mundo, sigue siendo un amor imperfecto, un amor que nunca logra corresponder a la sed de infinito que llevamos en el corazón. Él es el único que está a la altura del deseo infinito que llevamos dentro de nosotros. Él es el único que nos ofrece un Amor completamente diferente al de este mundo. El profeta Isaías dice: «¿Puede una madre olvidar al niño que amamanta, no tener compasión del hijo de sus entrañas? Pues, aunque ella se olvidara, yo no te olvidaré. Mira, te llevo tatuado en mis palmas» (Is 49,15-16).

Cuántos de nosotros estamos marcados por las heridas del abandono. A cuántos de nosotros nos cuesta confiar en Dios porque hemos experimentado la traición y el sufrimiento de quienes nos rodean. Quizás sean precisamente ellos en quienes piensa Jesús cuando dice que el amor de Dios es diferente, es a la manera «de los cielos» y no como el de la tierra. Es ese amor total, infinito, estable y fiel el que todos buscamos y que no encontramos en plenitud en nadie en este mundo. Quien reza se abre a un amor mayor que el de una madre y un padre. A un amor más fiel que el de cualquier mejor amigo. A un amor que salva y puede dar lo que promete. Sucede entonces que, mientras nos dejamos ayudar por las experiencias positivas de esta vida nuestra para pensar en Dios, al mismo tiempo recordamos que la mejor de las imágenes sigue siendo solo una y que Dios es más grande, y siempre mayor que cualquier analogía nuestra, y que si queremos comprender lo grande que es debemos interrogar al hambre de amor que llevamos en el corazón. Esa sed infinita de sentido, de plenitud, de paz que hay en nosotros está hecha para contener a Dios. En este sentido cada persona es *capax Dei*, es decir, capaz de acoger a Dios. Cuando rezamos practicamos este misterioso arte de acoger el Misterio de Dios. Es un ejercicio para ser cada vez más «capaces», estar cada vez más «avezados», hasta el punto de llenarnos de gracia, es decir, de llenarnos de ese Amor que fluye entre el Padre y el Hijo Jesús. Esto es lo que nos plantea el sugerente prólogo del evangelio según san Juan que, hablando precisamente de Jesús como Verbo que se hace carne, dice:

De su plenitud
todos hemos recibido,
gracia tras gracia.
Porque la Ley se dio por medio de Moisés,
la gracia y la verdad nos han llegado
por medio de Jesucristo.
A Dios nadie lo ha visto jamás:
Dios unigénito,
que está en el seno del Padre,
es quien lo ha dado a conocer (Jn 1,16-18).

Quien reza no solo se vuelve como Jesús porque ocupa el lugar del Hijo, sino que recibe del Hijo mismo aquella revelación –«gracia y verdad»– que nadie podría conseguir jamás de otra manera. Esta revelación no concierne a «ideas sobre Dios», es decir, no es algo que podamos confinar solo en nuestra mente, no es una experiencia meramente intelectual, sino que es una experiencia del Amor de Dios, esto es, una experiencia «total» de nuestra persona, porque la verdadera oración involucra a toda la persona, no solo a una parte –espíritu, alma y cuerpo–. Quien reza, por tanto, acepta dejarse amar por Dios hasta el punto de ver su vida cambiada. Podríamos decir, por tanto, que la oración que Jesús enseña es, en el fondo, una experiencia, no una fórmula. Es una relación, no un monólogo. Es una actitud de conversión, no una arenga proclamada con el objetivo de convencer a la divinidad de que nos sea favorable. Es una profesión de fe, no una técnica.

2
Santificado sea tu nombre; venga a nosotros tu Reino; hágase tu voluntad

Descentralizarse por amor

Cuando rezamos estamos acostumbrados a poner nuestras necesidades en el centro de nuestra oración. Nos resulta natural hacer esto porque, en última instancia, si oramos es porque hay algo que nos empuja a hacerlo. Jesús corrige esta actitud devolviendo la oración al corazón del amor y no a la simple necesidad. En la práctica es como si Jesús quisiera recordarnos que nuestra relación con Dios no puede basarse en el mero utilitarismo, sino que debe tener siempre y solo como base el amor. Basta pensar en cómo nos sentimos cuando en la vida sabemos que hay alguien que nos utiliza, o cuando solo nos alagan mientras damos lo que los demás buscan: después de haber obtenido lo que querían, muy a menudo desaparecen para luego reaparecer en la siguiente situación de necesidad.

Al contrario, si hay algo que caracteriza al amor es precisamente la gratuidad. El verdadero amor es gratuito, no busca el interés propio, es más, hace algo contrario al utilitarismo: quien ama da prioridad a la persona a la que ama. Para comprender bien esta característica del amor me gustaría utilizar una imagen muy sencilla que observo a menudo cuando viajo o cuando estoy entre mucha gente. Ocurre, a veces, que en alguna zona de descanso, mientras se para a descansar y repostar, uno se cruza con familias. Lo que me llama la atención es ver como una madre o un padre dan prioridad a sus hijos a la hora de comer, beber o simplemente divertirse. Su primera preocupación es por sus hijos, luego van ellos.

Esta precedencia es típica del amor. El que ama nunca se centra en sí mismo, sino que continuamente se descentraliza para dar paso a aquel a quien ama. Es más, podríamos decir que para reconocer el amor basta con fijarnos en las prioridades que tenemos en nuestra vida. Quien ama de verdad ciertamente también tiene necesidades, deseos, expectativas, su propia carga de humanidad, de dolor, de esperanza, pero da paso al otro, a aquellos que considera centrales en su vida.

En cambio, somos testigos de que existen hombres y mujeres que, presas de un tremendo narcisismo, consideran al mundo y a los demás a su servicio. Son ellos el centro del universo y todos los demás deben adaptarse. Esta forma de egocentrismo es lo opuesto al amor. Por eso, en la oración del Padrenuestro, Jesús pone primero tres cosas que conciernen al Padre y luego las peticiones que nos conciernen a nosotros mismos. Si amas a Dios, cédele el puesto, ¡porque Él hace eso contigo!

La santidad de Dios y nuestras debilidades

«Santificado sea tu nombre» es una petición que nos concierne de cerca. El profeta Ezequiel, en uno de sus oráculos, dice así: «Por eso, di a la casa de Israel: "Esto dice el Señor Dios: 'No hago esto por vosotros, casa de Israel, sino por mi santo nombre, profanado por vosotros en las naciones a las que fuisteis. Manifestaré la santidad de mi gran nombre, profanado entre los gentiles, porque vosotros lo habéis profanado en medio de ellos. Reconocerán las naciones que yo soy el Señor –oráculo del Señor Dios–, cuando por medio de vosotros les haga ver mi santidad'"» (Ez 36,22-23). Cada uno de nosotros es el lugar donde debería reflejarse la santidad de Dios. Esto hace que Jesús diga Palabras bastante claras: «Brille así vuestra luz ante los hombres, para que vean vuestras buenas obras y den gloria a vuestro Padre que está en los cielos» (Mt 5,16). Es una gran responsabilidad ser conscientes de que nosotros no brillamos con luz

propia sino con luz reflejada. Es cierto que Dios brilla en toda la creación, pero en especial a nosotros, los seres humanos, nos ha concedido una luz única, a su imagen y semejanza. Quien encuentra nuestra luz es reenviado inmediatamente a nuestro Padre que está en los cielos. En la práctica, el argumento más convincente y creíble que Dios utiliza para darse a conocer somos nosotros. La santidad de nuestra vida, por tanto, no concierne simplemente a nuestra esfera individual. En realidad, nuestra santidad es algo que concierne a todos, y precisamente por eso es también verdad lo contrario. De hecho, cada vez que vivimos en disonancia con la Luz, nos convertimos en un impedimento para dar a conocer a Dios. Este es el significado de la palabra «escándalo», una piedra de tropiezo. Cuántas veces, efectivamente, nuestros pecados, nuestras opciones equivocadas, se convierten en impedimento para los demás. Por ejemplo, cuando quienes deberían amarnos no nos aman, o nos lastiman en el amor, precisamente en ese momento se hace más complejo incluso el camino que nos permite hacer experiencia de Dios. Especialmente en el caso de los abusos, lo que se vuelve terrible es encontrarse ante una herida que nos separa precisamente de sentir el Amor de Dios.

Jesús nos enseña a rezar llenando nuestra vida de responsabilidad. No se puede rezar y luego vivir convirtiéndose en un reflejo de la oscuridad y no de la luz. Un creyente que reza y luego vive en contra del Evangelio no solo no puede pensar que su oración tenga valor, sino que en realidad es en sí misma una acusación contra él.

Sin embargo, cabe hacer una justa aclaración: todos somos frágiles y estamos marcados por la debilidad de nuestra condición humana. El testimonio cristiano no es pretender que toda nuestra debilidad en realidad haya desaparecido. No se trata de fingir ser personas ideales, sino de ser siempre conscientes de nuestra debilidad y precisamente por eso mantener la justa humildad que nos permite vivir muy a menudo desconfiando de nuestra autorreferencialidad y confiando en cambio en la gracia de Dios. Esto hace decir al apóstol Pablo: «Pero llevamos este tesoro en vasijas de barro, para que se vea que una fuerza tan extraordinaria es de Dios y no proviene de nosotros» (2Cor 4,7). Todos somos «vasos de barro» y es bueno recordarlo siempre. No importa qué lugar ocupemos, y ni siquiera importa lo que la vida nos ha deparado. Cada uno de nosotros es arcilla frágil que, sin embargo, tiene el privilegio de guardar dentro de sí un tesoro precioso.

Pablo tiene mucho interés en decir que es bueno que seamos tan frágiles como el barro, porque de esta manera se hace evidente que todo lo bueno no es obra nuestra, sino un regalo de Dios. ¿Será esta la razón por la que las personas dotadas de los mayores talentos, muy a menudo, tienen que luchar contra otras tantas fragilidades? El mismo apóstol Pablo experimenta dentro de sí mismo este conflicto, que describe de esta manera:

Por la grandeza de las revelaciones, y para que no me engría, se me ha dado una espina en la carne: un emisario de Satanás que me abofetea, para que no me engría. Por ello, tres veces le he pedido al Señor que lo apartase de mí y me ha respondido: «Te basta mi gracia: la fuerza se realiza en la debilidad». Así que muy a gusto me glorío de mis debilidades, para que resida en mí la fuerza de Cristo. Por eso vivo contento en medio de las debilidades, los insultos, las privaciones, las persecuciones y las dificultades sufridas por Cristo. Porque cuando soy débil, entonces soy fuerte (2Cor 12,7-10).

Por tanto, sería utópico pensar que la Luz de la Gloria de Dios se refleja solo cuando hemos superado todas nuestras debilidades. En realidad esa Luz brilla en nuestras vidas precisamente cuando vivimos esas debilidades como sugiere Pablo, es decir, confiando solo en la gracia de Dios, que se manifiesta precisamente en la debilidad aceptada y ofrecida. Ahora bien, esto no basta para comprometerse, muy a menudo también se convierte en material de nuestros pecados. No obstante, se trata de decidir dejar de pecar precisamente porque renunciamos a querer resolver esas debilidades por nuestra cuenta. De hecho, hacemos muchas cosas malas en el intento de resolver nuestras fragilidades. Es entonces cuando caemos en la trampa que el diablo le tiende a Jesús en el momento exacto en que al final de los cuarenta días de ayuno en el desierto siente hambre.

Ante esa necesidad, el mal se presenta como solución: «Después de ayunar durante cuarenta días y cuarenta noches, finalmente tuvo hambre. El tentador se acercó a él y le dijo: "Si eres Hijo de Dios, di a estas piedras que se conviertan en pan". Pero él respondió: "Escrito está: 'No solo de pan vivirá el hombre, sino de toda Palabra que sale de la boca de Dios' [Dt 8,3]"» (Mt 4,2-4). La tentación del diablo es sutil. Jesús, de hecho, no puede negar que tiene hambre, y por eso mismo el mal le sugiere resolverla de la manera más fácil y accesible: tomar la primera piedra que encuentra y comérsela. De esta manera, el hambre justificaría tal gesto. Pero Jesús rebate inmediatamente diciendo que tener hambre no nos autoriza a transformar en alimento todo lo que se nos pone delante, sino que debemos escuchar nuestra propia hambre porque muchas veces nos dice precisamente algo de parte de Dios.

No podemos erradicar la debilidad que hay dentro de nosotros, pero podemos tener con ella una relación diferente. Quien reza el Padrenuestro se compromete a ser santo, porque solo así se santifica verdaderamente el nombre de Dios. Pero comprometerse a ser santos significa tomar la misma posición que adopta Jesús ante la experiencia de la debilidad humana. De hecho, Jesús es un verdadero hombre y, como todo hombre, experimenta todo lo humano, incluida nuestra debilidad. Pero él nunca pecó, porque nunca permitió que la debilidad se apoderara de su libertad. Y lo sorprendente es que Jesús muestra esta victoria no como un heroísmo, sino con espléndida mansedumbre. Por tanto, nadie está autorizado a utilizar su debilidad como escudo para justificar sus malas acciones. Si Dios permite nuestra debilidad, nos da la misma gracia para no sucumbir a ella: «No os ha sobrevenido ninguna tentación que no sea de medida humana. Dios es fiel, y Él no permitirá que seáis tentados por encima de vuestras fuerzas, sino que con la tentación hará que encontréis también el modo de poder soportarla» (1Cor 10,13).

Jesús anuncia y explica el reino de Dios

Venga a nosotros tu Reino» es lo segundo que Jesús nos dice que le pidamos a Dios. Para comprender esta petición debemos recurrir a las mismas palabras que Jesús usa en el evangelio para explicarnos en qué consiste el reino de Dios. Viene en nuestra ayuda el capítulo 13 del evangelio de Mateo, aquel en el que Jesús relata una serie de parábolas para intentar que la gente comprendiera poco a poco la nueva mentalidad que pretendía instaurar. De hecho, todo Israel estaba esperando al Mesías, pero las imágenes vinculadas a él tenían un excesivo sabor a nacionalismo triunfalista. Es comprensible que un pueblo oprimido quiera que «el libertador» sea fuerte y poderoso, para que junto a la liberación, también haga pagar a los culpables de la opresión.

Pero Jesús no había venido para eso. Él, el verdadero Mesías, tuvo que ayudar a sus discípulos y a todos los demás a comprender que esa liberación se alcanzaría de una manera sin precedentes, inesperada, impactante y, a veces, decepcionante. De hecho, no habrá fuerza, sino humildad total. No se hará alarde de ningún triunfo para llamar la atención, sino que todo se realizará en la sencillez que se esconde en la rutina de la vida. Y así, en lugar de aterrorizar a todos mostrándose según las descripciones de Juan Bautista («Tiene el bieldo en la mano: aventará su parva, reunirá su trigo en el granero y quemará la paja en una hoguera que no se apaga», Mt 3,12), se pone en fila con todos los pecadores y tiene que forzar la mano de Juan para que lo bautice: «Pero Juan intentaba disuadirlo diciéndole: "Soy yo el que necesito que tú me bautices, ¿y tú acudes a mí?". Jesús le contestó: "Déjalo ahora. Conviene que así cumplamos toda justicia". Entonces Juan se lo permitió» (Mt 3,14-15). Jesús inaugura una nueva manera de actuar de Dios, hecha de la paciencia inquebrantable del agricultor que, cuando se da cuenta de que la buena semilla del trigo está mezclada con la mala semilla de la cizaña, no se deja llevar por la alteración fundamentalista de los siervos, que quieren ir enseguida a arrancar la cizaña: «Pero él les respondió: "No, que al recoger la cizaña podéis arrancar también el trigo. Dejadlos crecer juntos hasta la siega"» (Mt 13,29-30). Dios no tiene prisa y no se deja desanimar por la presencia del mal. Llegará el momento en que lo quitarán, pero en esta vida las cosas están mezcladas y no hay que cultivar ideas de pureza que, al final, nos dan la presunción de sentirnos mejores que los demás y, por tanto, de juzgar antes de tiempo, tal vez condenando y matando.

El reino de Dios inaugurado por Jesús prefiere la pequeñez, como la del grano de mostaza, que, sin embargo, llega a ser más grande que todos los demás arbustos y da refugio a los pájaros. El reino de Dios no llama la atención como lo hacen los anuncios publicitarios de este mundo, sino que, en el más absoluto secreto, fermenta toda la masa como la levadura. Es como un tesoro escondido, o una perla preciosa, y cuando alguien se da cuenta de su valor está dispuesto a venderlo todo con tal de obtenerlo.

Así libera Jesús la experiencia cristiana de la dictadura de los sacrificios realizados por el solo hecho de serlo. Un cristiano, en cambio, está dispuesto a renunciar a todo solo porque ha encontrado algo que vale más, y por eso está contento con sus renuncias, porque en realidad son un chollo. Todas estas cosas son el reino de Dios, y cuando le pedimos al Padre que este Reino venga, en realidad estamos diciendo que se manifiesta exactamente como Jesús enseñó, y en consecuencia, para aprovechar su venida, nosotros nos comprometemos a ser a imagen y semejanza de la nueva mentalidad mostrada por Cristo.

Renunciamos así a ser creyentes fanáticos, a cultivar modelos de Iglesia entregados al poder y sometidos a la mentalidad de este mundo. Al rezar nos comprometemos a hacer sitio ante todo en nosotros mismos a este Reino, a no tener miedo del mal, de su cercanía al bien, de su presencia en nuestra vida, de su evidencia en los demás, y renunciando a juzgar y a condenar, aunque sin dejar de llamar a las cosas por su nombre; tal como hizo Jesús, que siempre dijo la Verdad, aunque nunca la usó contra nadie, sino siempre a favor de todos.

Venga tu Reino en las cosas más sencillas de nuestra vida, en la opción deliberada de la humildad, del último lugar, del servicio. Venga tu Reino, que es reino de proximidad a los más pequeños, que es toda la compasión con la que Jesús vivió su vida. En definitiva, pedir la venida del Reino significa pedir la llegada, aún hoy, del Mesías, que sigue salvando de un modo que el mundo no espera.

La voluntad de Dios es nuestra libertad

«Hágase tu voluntad» es la parte del Padrenuestro que quizás crea más desazón al creyente. Probablemente todo surge de la creencia errónea de que la voluntad de Dios es contraria a la nuestra y que, por tanto, hacer su voluntad significa, en cierto sentido, renunciar a nosotros mismos, a nuestros sueños y tal vez incluso a nuestra libertad. Confundimos la voluntad de Dios con el destino del mundo pagano. Pero también en este caso basta hojear la Sagrada Escritura para tener una idea clara de en qué consiste la voluntad de Dios: «La voluntad de nuestro Padre –afirma el Catecismo de la Iglesia católica– es "que todos los hombres se salven y lleguen al conocimiento pleno de la verdad" (1Tim 2,3-4)» (n. 2822). Toda la vida de Jesús es un intento de hacer cada vez más visible esa voluntad salvífica.

Todo milagro, toda liberación realizada por Cristo se lleva a cabo para mostrar el profundo deseo del Padre de salvar a todo hombre y a toda mujer. De ahí la predilección de Jesús por los más pequeños, los pecadores, los enfermos. Lo dice claramente cuando, inmediatamente después de la llamada de Mateo el publicano, entra en su casa para celebrarlo sentándose a la mesa con personas que todo el mundo sabe que son en cierto sentido «irregulares». A las quejas de los bienpensantes responde así: «No tienen necesidad de médico los sanos, sino los enfermos. Andad, aprended lo que significa "Misericordia quiero y no sacrificios" [Os 6,6]: que no he venido a llamar a justos sino a pecadores» (Mt 9,12-13). Vivir según la voluntad de Dios significa, por tanto, entrar en su profundo deseo de salvación para todo ser humano. Y si creemos que Dios quiere nuestro bien porque quiere nuestra salvación, entonces estamos dispuestos a aceptar todo lo que la vida nos ponga por delante, porque estamos seguros de que Dios nunca permitiría algo que no esté de acuerdo con este deseo de salvación.

El mal puede desencadenarse contra nosotros y hacernos vivir situaciones incluso extremas, pero es verdad aquel dicho del Talmud que cuenta una historia significativa al respecto: «Al cabo de unos días, *rabí* Judas fue a arar la otra mitad del campo, y mientras que estaba arando se hundió la tierra delante de él y su buey cayó dentro, causándose una fractura. Él bajó al hoyo para sacarlo, pero Dios le abrió los ojos y allí encontró un tesoro. Entonces exclamó: "El buey se ha roto la pata por mi bien"».

Se podría pensar, por tanto, que está Dios incluso detrás del mal, o que un misterioso plan de salvación permitiría también cosas terribles, como la muerte de un niño, o tragedias que afectan a vidas inocentes. No, la voluntad de Dios no quiere realmente que el mal suceda, o que un inocente sufra. Pero precisamente porque es más fuerte que todo mal y que toda injusticia, estamos seguros de que al final la voluntad de Dios de salvación prevalecerá contra todo el misterio del mal que en algunas circunstancias parece tener la última palabra.

Para enseñarnos a confiar en la voluntad del Padre, el mismo Jesús acepta morir en la cruz siendo inocente. Experimenta todo tipo de dolores. Sufre su cuerpo, del mismo modo que muchas personas soportan todo tipo de dolor físico. Sufre emocionalmente, viendo que sus amigos lo abandonan, del mismo modo que muchas personas se sienten humanamente solas. Sufre espiritualmente, sintiéndose abandonado incluso por su Padre, así como nos sucede a veces a nosotros que nos sentimos traicionados incluso por Dios. Y sin embargo, Jesús no deja de creer en la primacía de la voluntad de su Padre, y ante la posibilidad de actuar de forma diversa, dice con claridad: «No se haga como yo quiero, sino como quieres tú» (Mt 26,39). San Pablo afirma claramente que es precisamente en esta heroica obediencia suya donde podemos vislumbrar el secreto de su resurrección: «Se humilló a sí mismo, hecho obediente hasta la muerte, y una muerte de cruz. Por eso Dios lo exaltó sobre todo y le concedió el Nombre-sobre-todo-nombre; de modo que al nombre de Jesús toda rodilla se doble en el cielo, en la tierra, en el abismo, y toda lengua proclame: "Jesucristo es Señor, para gloria de Dios Padre"» (Flp 2,8-11).

Entonces decir: «Hágase tu voluntad» significa comportarse como Jesús, que humanamente pone también sobre la mesa su deseo («Si es posible, que pase de mí este cáliz», Mt 26,39); pero sabe bien que el Padre nunca habría permitido nada contra él, y por eso concluye como un Hijo, seguro del amor de su Padre: «Hágase tu voluntad». Por eso esta oración no es la anulación de nosotros mismos, sino nuestra más auténtica realización. La voluntad de Dios es la realización de lo que nos realiza como personas y nos salva dándonos un sentido y un Amor que ninguna voluntad humana podría jamás alcanzar realmente.

Sin embargo, esta voluntad no se cumple sin nosotros. Dios, en efecto, acaba por necesitar nuestra libertad. Tanto es así, que la posibilidad del infierno queda enteramente a nuestra elección deliberada de vivir en oposición a Dios y a su Amor, eligiendo así perdernos, a pesar de saber que Él quiere que nos encontremos. El pecado mortal consiste precisamente en una acción libre hecha a posta en contra de la voluntad de Dios. Es Él quien nos ha querido tan libres, quizás porque sabía bien que no podría existir amor alguno si no hubiera habido verdadera libertad. Y libertad es también poder decir que no, aunque asumiendo también las consecuencias.

3
Danos hoy nuestro pan de cada día

Somos criaturas necesitadas

La petición del pan de cada día abre la segunda parte de la oración del Padrenuestro y se refiere directamente a nuestras necesidades. Sin embargo, hay que decir inmediatamente que la palabra «pan» abre ante nuestros ojos muchísimos significados, y nos devuelve a un lugar que muchas veces se pasa por alto: el presente. De hecho, la petición del pan se combina con la frase *«de cada día»*. No se trata, por tanto, de una petición generalizada respecto de nuestras necesidades, sino de una petición especificada por los límites del aquí y ahora.

Somos criaturas necesitadas, y una de las cosas que muy a menudo olvidamos o intentamos sofocar es precisamente esta naturaleza nuestra hecha de necesidades. Admitir que estamos necesitados nos pone a todos en la actitud humilde de mendigar. Lo contrario es la autosuficiencia, una catequesis que le gusta al diablo, que quiere que nos afirmemos en nosotros mismos, convenciéndonos de que no necesitamos nada ni a nadie.

Todo verdadero camino espiritual comienza siempre con el conocimiento de nosotros mismos, pero junto a este conocimiento está también la humilde aceptación de nuestras necesidades. Mantener los ojos abiertos a las necesidades estructurales de nuestra vida nos ayuda a no caer en la trampa de dejarnos manipular precisamente por estas necesidades. Efectivamente, la ilusión que nos acompaña es precisamente la de pensar que negar la realidad la cambia. La verdad es que todo lo que reprimimos se manifiesta de diferentes maneras pero nunca se puede eludir.

Por ejemplo, si una persona niega la necesidad de amor de la que está hecha, entonces dicha necesidad se manifiesta de otra manera, como por ejemplo con una actitud compulsiva que busca la aprobación de los demás, a través de una competitividad que ya no tiene en cuenta nada ni a nadie y que está dispuesta a pisotear a los que le rodean para obtener tan solo el aplauso. Solo hacía falta admitir la necesidad de todos de ser amados. El arribismo es solo una desviación de esta necesidad, evidentemente no su solución.

Este ejemplo se puede aplicar a otras muchas necesidades de las que estamos compuestos por naturaleza. Por eso Jesús, al hacernos orar, nos hace solidarizarnos con nuestra naturaleza necesitada, a la cual hay que tomar en serio cada día, ya que cada día necesitamos siempre algo. Efectivamente, la segunda característica de nuestras necesidades radica en el hecho de que se repiten constantemente y que nunca pueden resolverse, al menos en esta vida, de forma definitiva. «A los pobres los tenéis siempre con vosotros» (Mc 14,7), dice Jesús, y nosotros, parafraseando esta afirmación suya, podríamos decir que nuestra pobreza estará siempre con nosotros, hasta el final del camino. Por el contrario, toda la sociedad contemporánea está construida sobre la ilusión de poder escapar de esta pobreza constitutiva que nos caracteriza, y precisamente por eso desvía nuestra atención de las verdaderas necesidades hacia necesidades inútiles y marginales, que, sin embargo, cobran importancia precisamente para que nunca nos tomemos en serio la gran necesidad de felicidad que llevamos dentro de nosotros. De hecho, todo el mundo sabe que los infelices consumen, mientras que las personas felices saben prescindir de lo superfluo, porque han encontrado la dirección para lo esencial.

Lo esencial y lo superfluo

Por eso, el pan también nos recuerda la gran diferencia entre lo esencial y lo superfluo. Lo que se pide a Dios se refiere a lo esencial y nos pone en guardia contra lo superfluo. Un pasaje significativo tomado del libro de los Proverbios dice así: «Aleja de mí falsedad y mentira; no me des riqueza ni pobreza, concédeme mi ración de pan; no sea que me sacie y reniegue de ti, diciendo: "¿Quién es el Señor?"; no sea que robe por necesidad y ofenda el nombre de mi Dios» (Prov 30,8-9). La sabiduría del libro de los Proverbios nos recuerda que muy a menudo lo superfluo ofusca nuestra capacidad de discernir. La sobreabundancia puede encerrarnos en una forma de egoísmo que Jesús relata en el evangelio en una parábola que no deja hueco a la ambigüedad a la hora de interpretarla:

Las tierras de un hombre rico produjeron una gran cosecha. Y empezó a echar cálculos, diciéndose: «¿Qué haré? No tengo dónde almacenar la cosecha». Y se dijo: «Haré lo siguiente: derribaré los graneros y construiré otros más grandes, y almacenaré allí todo el trigo y mis bienes. Y entonces me diré a mí mismo: «Alma mía, tienes bienes almacenados para muchos años; descansa, come, bebe, banquetea alegremente». Pero Dios le dijo: «Necio, esta noche te van a reclamar el alma, y ¿de quién será lo que has preparado?». Así es el que atesora para sí y no es rico ante Dios. Y dijo a sus discípulos: «Por eso os digo: No os inquietéis por la vida, qué vais a comer; ni por el cuerpo, con qué os vais a vestir, pues la vida es más que el alimento y el cuerpo más que el vestido. Fijaos en los cuervos: ni siembran ni cosechan, no tienen despensa ni granero, y Dios los alimenta; ¡cuánto más valéis vosotros que los pájaros!» (Lc 12,16-24).

Lo que llama la atención de la historia de Jesús es el razonamiento de este hombre que en realidad sabemos con certeza que no es una persona deshonesta que ha conseguido esos bienes robándolos o quitándoselos a otro. Y sin embargo, la simple honestidad de este hombre no lo protege de la tentación de no fijarse en los demás, es decir, en aquel que podría estar necesitado, aquel que tal vez carecía de lo necesario para vivir y es posible que estuviera justamente a su lado. Este hombre está solo con sus bienes y razona como si todo su mundo estuviera encerrado en la certeza de esta sobreabundancia. Es incapaz de rezar, de dialogar con los demás, incluso de alegrarse con los que le rodean, aunque solo sea para celebrar esta sobreabundancia. Habla solo consigo mismo y no se da cuenta de que esa sobreabundancia no solo es efímera sino que, sobre todo, tiene fecha de caducidad.

Efectivamente, con demasiada frecuencia olvidamos que tarde o temprano moriremos y que todo lo que hemos acumulado en esta vida no podrá seguirnos. Lo único que nos acompañará al otro lado del camino será solo el bien que hayamos hecho. Esto hace decir al apóstol Pedro: «Además, el fin de todas las cosas está cercano. Así pues, sed sensatos y sobrios para la oración. Ante todo, mantened un amor intenso entre vosotros, porque el amor tapa multitud de pecados» (1Pe 4,7-8). Entonces la capacidad de saber discernir lo esencial de lo superfluo también nos ayuda a no encerrarnos en nosotros mismos. Cuando oramos por el pan de cada día estamos pidiendo también implícitamente al Señor que nos haga distinguir entre lo que necesitamos y aquello de lo que podemos prescindir; y sobre todo que, a partir de la observación de nuestras propias necesidades, aprendamos a no cerrarnos ante las de los demás.

Efectivamente, solo quien conoce de verdad el peso de una necesidad es capaz de reconocerla en el que tiene cerca. Por eso leemos en el libro del Levítico: «El emigrante que reside entre vosotros será para vosotros como el indígena: lo amarás como a ti mismo, porque emigrantes fuisteis en Egipto. Yo soy el Señor vuestro Dios» (Lev 19,34). Es casi como decir: «Tú, que has sufrido, intenta tener también en cuenta el sufrimiento de aquellos que encuentras en tu vida». Es una lección que nunca debemos olvidar: el contacto con nuestras necesidades nos permite reconocer esas mismas necesidades en los otros. En efecto, la compasión es lo opuesto a la indiferencia.

Nuestra necesidad más profunda

Hay, sin embargo, otro aspecto que se desprende precisamente de la enseñanza de Jesús. También él se vio varias veces obligado a satisfacer el hambre de las multitudes que lo seguían, y los pasajes que hablan de la multiplicación de los panes y los peces lo testimonian (cf Mt 14,13-21; Mc 6,34-44; Lc 9,11-17; Jn 6,1-15). Pero esta delicadeza hacia las personas da lugar a un malentendido en sus corazones: pensar en Jesús como un simple solucionador de las necesidades humanas. En realidad, lo que Jesús intenta constantemente es ayudar a sus discípulos a comprender que, si el punto de partida es lo concreto de nuestra vida, no debemos olvidar al mismo tiempo que la experiencia humana es siempre una experiencia simbólica, es decir, una experiencia que remite a algo más grande y profundo.

En la práctica, Jesús quiere ayudarnos a comprender que, detrás de nuestras necesidades, se esconde una indicación más grande que puede iluminar nuestra propia vida. Por eso, a los que siguen buscándolo solo para tener pan, les dice: «En verdad, en verdad os digo: me buscáis no porque habéis visto signos, sino porque comisteis pan hasta saciaros. Trabajad no por el alimento que perece, sino por el alimento que perdura para la vida eterna, el que os dará el Hijo del hombre; pues a este lo ha sellado el Padre, Dios» (Jn 6,26-27). Al decir esto, Jesús abre a la realidad de nuestras necesidades humanas un horizonte completamente nuevo: son la brújula que puede volver a llevarnos a casa. Esto hace decir al salmista: «Como busca la cierva corrientes de agua, así mi alma te busca a ti, Dios mío» (Sal 42,2). La sed de la cierva en realidad la empuja hacia el agua; igualmente, nuestras necesidades humanas pueden llevarnos de nuevo a Dios, el único que tiene el poder de saciar nuestra hambre y nuestra sed de sentido, de amor, de felicidad y de la vida misma. Esto es lo que Jesús intenta explicar a la samaritana:

«Si conocieras el don de Dios y quién es el que te dice "dame de beber", le pedirías tú, y él te daría agua viva». La mujer le dice: «Señor, si no tienes cubo, y el pozo es hondo, ¿de dónde sacas el agua viva?; ¿eres tú más que nuestro padre Jacob, que nos dio este pozo, y de él bebieron él y sus hijos y sus ganados?». Jesús le contestó: «El que bebe de esta agua vuelve a tener sed; pero el que beba del agua que yo le daré nunca más tendrá sed: el agua que yo le daré se convertirá dentro de él en un surtidor de agua que salta hasta la vida eterna». La mujer le dice: «Señor, dame esa agua: así no tendré más sed, ni tendré que venir aquí a sacarla» (Jn 4,10-15).

Nuestra naturaleza humana nos hace experimentar cada día necesidades que debemos tomar en serio, pero como creyentes no debemos olvidar que llegará el día en que Jesús responderá a ellas definitivamente, liberándonos de esa carencia. Porque él es el único autorizado para suplir esa carencia; todos los demás son intentos vanos destinados al fracaso y por eso mismo se les llama «idolatría». Los ídolos que nos construimos en esta vida son intentos equivocados de satisfacer definitivamente aquellas necesidades que solo Dios puede satisfacer completamente. Y así es como algunas relaciones se convierten en ídolos o algunas opciones se convierten en formas equivocadas de satisfacción; algunos pecados, de hecho, son solo intentos de corresponder de manera distorsionada a una necesidad justa. Jesús dirá: «Yo soy el pan de vida. El que viene a mí no tendrá hambre, y el que cree en mí no tendrá sed jamás» (Jn 6,35).

En este sentido, incluso las personas que amamos en esta vida, aquellas que consideramos más importantes, nunca podrán sustituir a Dios, y eso significa, en definitiva, que ninguna de las cosas de este mundo, ni siquiera las más bellas, pueden borrar esa insatisfacción que nos acompaña a lo largo del camino de la existencia. Más bien, deberíamos aprender a bendecir esta insatisfacción porque nos recuerda que solo Dios es el Señor, y solo Él puede responder definitivamente a lo que necesitamos.

Cada día una vez

La petición del pan de cada día nos recuerda que la vida hay que afrontarla cada día una vez, y Dios se hace compañero de cada uno de nosotros, poniéndose al lado de cada uno en el ritmo del tiempo. A veces tenemos que afrontar grandes retos o situaciones que inicialmente nos desaniman. Es como encontrarse en las laderas de una gran montaña y no ver ningún camino a seguir para superarla. Realmente no tenemos otra manera de afrontar tales montañas, sino poniendo en práctica el arte de los pequeños pasos posibles.

Un sacerdote de gran espiritualidad repetía a menudo a quienes acudían a él para afrontar situaciones difíciles: «Ordénate a ti mismo: ¡solo por hoy! Y así intenta llegar al final de la jornada. Y mañana haz de nuevo lo mismo. Descubrirás que puedes andar un largo camino si haces esto cada día una vez».

Jesucristo nos invita a pedirle al Padre la fuerza para superar nuestro día a día. Es una convicción que puede cambiar nuestras vidas.

Lo que muchas veces nos desanima es ver nuestros problemas como montañas insuperables, pero nada es insuperable si Dios está de nuestro lado. Y Él no actúa por arte de magia, sino a través de lo que nos es posible. La gracia de Dios es una fuerza misteriosa que nos ayuda a hacer nuestra parte, mientras que el mal siempre nos invita a buscar atajos que al final muchas veces se convierten en trampas. «Si alguno quiere venir en pos de mí, que se niegue a sí mismo, tome su cruz y me siga» (Mt 16,24). Este es el secreto: tomar en serio la vida cotidiana y saber que no debemos improvisar, sino solo aprender a caminar en pos de Jesús. Y es precisamente él quien nos enseña a pedir el pan de cada día, lo que necesitamos para vivir.

Pero detrás de esta petición se esconde también la humildad con la que no nos avergonzamos de pedir a Dios las cosas más simples, comportándonos como verdaderos hijos. Efectivamente, el verdadero objetivo de la oración es recordarnos que somos hijos y que precisamente en virtud de esa filiación nuestra vida tiene un horizonte nuevo.

Sin embargo, si la petición de pan se pone en boca de quienes viven situaciones de necesidad real, adquiere un peso específico más dramático y al mismo tiempo más real. Cuántos hombres y mujeres carecen de lo necesario para vivir. Cuántos de ellos son presas del hambre y la desesperación los invade ante el solo pensamiento de no poder dar nada a sus hijos. Entonces, al hacer esta petición, nos comprometemos a la solidaridad con los que no tienen nada. Así como decimos «Padre nuestro» y no «Padre mío», de la misma manera decimos «nuestro pan de cada día» y no «mi pan de cada día». En ese «nuestro» recordamos que no estamos solos en el mundo, que somos infinitamente responsables también de la vida de los demás. No somos como Caín, que se niega a ser considerado guardián de su hermano (cf Gén 4,9). Al decir «nuestro» nos comprometemos a que quien no tiene lo que necesita pueda encontrarlo en nuestra mesa. El cristianismo no es una forma de filantropía, sino una educación a compartir. A ninguno de nosotros se nos exige que resolvamos todos los dramas presentes en el mundo, pero sí se nos pide que no permanezcamos indiferentes ante ellos y, precisamente por eso, que pongamos nuestra pequeña parte. Dios no necesita lo mucho de unos pocos, sino lo poco de muchos. Cada uno de nosotros es lo suficientemente pobre como para que no nos bastemos con nosotros mismos y lo suficientemente rico como para poder compartir lo poco que tenemos. No es casualidad que sean los pobres los que saben compartir más que nadie. La riqueza suele ir acompañada de egoísmo, indiferencia y cinismo. «Más fácil le es a un camello pasar por el ojo de una aguja, que a un rico entrar en el reino de Dios» (Mc 10,25). La memoria del pan de cada día está íntimamente ligada a la caridad, que debe ser fundamento de la fe. A este respecto, es esclarecedora la Carta de Santiago:

¿De qué le sirve a uno, hermanos míos, decir que tiene fe, si no tiene obras? ¿Podrá acaso salvarlo esa fe? Si un hermano o una hermana andan desnudos y faltos del alimento diario y uno de vosotros les dice: «Id en paz, abrigaos y saciaos», pero no les da lo necesario para el cuerpo, ¿de qué sirve? Así es también la fe: si no tiene obras, está muerta por dentro. Pero alguno dirá: «Tú tienes fe y yo tengo obras, muéstrame esa fe tuya sin las obras, y yo con mis obras te mostraré la fe». Tú crees que hay un solo Dios. Haces bien. Hasta los demonios lo creen y tiemblan. ¿Quieres enterarte, insensato, de que la fe sin las obras es inútil? (Sant 2,14-20).

Pedir el pan de cada día nos pone en condiciones de no quedarnos indiferentes ante el hambre de los demás. No podemos anunciar el Evangelio a los pobres ignorando su pobreza. En efecto, el primer modo de anunciar el Evangelio es socorrer a la pobreza, aunque sin tener por ello la presunción de que ese gesto baste para agotar nuestro anuncio. Santiago señala inteligentemente que incluso los demonios tienen fe. Pero lo que no tienen es caridad. Separar la fe de la caridad significa tener fe como los demonios. Por eso podemos pedirle pan a Dios, porque Él no se limita a querer ser reconocido como Dios –la fe–, sino que quiere ser acogido como un padre –da el pan–.

El pan de cada día y la Eucaristía

Un último aspecto relativo a la petición del pan de cada día se refiere a su relación con la Eucaristía. Sabemos que Jesús elige deliberadamente el camino eucarístico para seguir estando presente en la historia. No hay que olvidar que en esta petición está el deseo de todo creyente de seguir recibiendo a Jesús a través del pan de la Eucaristía. En él tenemos la experiencia de encontrar a Jesús de manera concreta, y precisamente a través de esta concreción nuestra vida recibe un alimento tan eficaz que hace posible lo que nuestras fuerzas por sí solas no pueden hacer.

En este sentido, nos ayuda el testimonio de san Carlos de Foucauld. Desde el comienzo de su conversión, se manifiesta precisamente una predilección por «este pan»: en la mañana de su conversión, a finales de octubre de 1886, en la iglesia de San Agustín de París, el *abbé* Huvelin, que se convertirá en su guía más seguro durante buena parte de su existencia, después de escucharlo y absolverlo, invitó a Charles a comulgar. A partir de ese momento percibirá la Eucaristía como una experiencia de intimidad y dulce conversación con el Señor que se hace presente en el sacramento y todo ello inundará de luz y calidez el resto de su vida. La Eucaristía será para él la expresión viva del rostro misericordioso de

Dios, el signo de su cercanía, el modo de permanecer en su presencia.

Este pan/presencia es la brújula que lo guiará sobre todo los diez años siguientes. En Akbés y Nazaret, Carlos se siente atraído por el misterio de Dios que se hace accesible en el Santísimo Sacramento. Solo parece preocuparse por estar cerca de Jesús, perderse únicamente en él. Esta búsqueda de intimidad se traduce en un deseo continuo de pasar días enteros en contemplación ante la Eucaristía. En un retiro espiritual en 1897, anota: «Señor mío Jesús, ¡tú estás en la Santa Eucaristía! ¡Estás aquí, a un metro de mí, en este sagrario! ¡Tu cuerpo, tu alma, tu humanidad, tu divinidad, todo tu ser está aquí, en su doble naturaleza! ¡Qué cerca estás, Dios mío!».

Con el paso del tiempo, a Carlos le llama cada vez más la atención el pasaje evangélico de Mateo en el que Jesús se identifica con los pobres. El 1 de agosto de 1916, pocos meses antes de su muerte, escribe: «Creo que no hay ningún pasaje del Evangelio que me haya impresionado más y que haya transformado más mi vida que este: "Todo lo que hacéis a uno de estos pequeños, a mí me lo hacéis". Si se piensa que estas palabras son las de la Verdad increada, las de la boca que dijo: "Esto es mi cuerpo... esta es mi sangre", con cuánta fuerza somos conducidos a buscar y amar a Jesús en "estos pequeños", estos pecadores, estos pobres, utilizando todos sus medios materiales para aliviar las miserias temporales». La meditación de estas palabras lo lleva a comprender la Eucaristía como el sacramento de la caridad fraterna, a comparar el servicio eucarístico con el servicio a los pobres. La Eucaristía ya no se le presenta solo como el Cuerpo de Cristo que hay que contemplar y comer, sino también como el lugar donde se concreta la ofrenda de su vida para derramarse en una vida ofrecida en la amistad compartida, en el sufrimiento soportado por amor, en oración de intercesión por el mundo. Por eso es bonito concluir nuestra reflexión sobre el *«pan de cada día»* justamente con sus palabras:

Siempre con nosotros mediante la sagrada Eucaristía,
siempre con nosotros mediante tu gracia,
siempre con nosotros mediante tu providencia
que nos protege sin interrupción,
siempre con nosotros mediante tu amor [...].
¡Dios mío, qué felicidad! ¡Qué felicidad!
Dios con nosotros. Dios en nosotros.
Dios en quien nos movemos y existimos [...].
Oh Dios mío, ¿qué nos falta todavía?
¡Qué felices somos!
«Emanuel, Dios-con-nosotros».
Esta es, por así decir, la primera palabra del Evangelio...
«Yo estoy con vosotros hasta el fin del mundo»,
esta es la última.

¡Qué felices somos! ¡Qué bueno eres...!
¡La sagrada Eucaristía es Jesús, es todo Jesús!
En la sagrada Eucaristía estás todo entero,
completamente vivo, oh mi amado Jesús.
Tan plenamente como lo estabas
en la casa de la Sagrada Familia de Nazaret,
en la casa de Magdalena en Betania,
como lo estabas en medio de tus apóstoles...
De la misma manera estás aquí,
oh mi Amado y mi todo...
Y concédenos esta gracia, oh Dios mío,
no solo a mí sino a todos tus hijos,
en ti, por medio ti y por ti:
«Danos hoy nuestro pan de cada día»,
dáselo a todos los hombres,
este verdadero pan que es la sagrada Hostia,
haz que todos los hombres lo amen,
lo veneren, lo adoren,
y que su culto universal
te glorifique y consuele tu Corazón.
Amén.

4
Perdona nuestras ofensas, como también nosotros perdonamos a los que nos ofenden

El milagro del perdón

Hay algo que necesitamos como el pan, y es el perdón. Muchas de nuestras vidas permanecen varadas en acontecimientos que solo el perdón puede liberar. Por eso entre las cosas de las que debemos ser más conscientes está el gran tema del perdón y la misericordia.

Jesús lo sabe bien, por eso pasó la mayor parte de su vida pública dispensando perdón a quienes se lo pedían e incluso a quienes ya no tenían palabras para pedírselo. A este propósito, hay un pasaje que sigue siendo significativo precisamente con respecto a este tema y puede sugerirnos la perspectiva adecuada para nuestra reflexión:

Y vinieron trayéndole un paralítico llevado entre cuatro y, como no podían presentárselo por el gentío, levantaron la techumbre encima de donde él estaba, abrieron un boquete y descolgaron la camilla donde yacía el paralítico. Viendo Jesús la fe que tenían, le dice al paralítico: «Hijo, tus pecados te son perdonados». Unos escribas, que estaban allí sentados, pensaban para sus adentros: «¿Por qué habla este así? Blasfema. ¿Quién puede perdonar pecados, sino solo uno, Dios?». Jesús se dio cuenta enseguida de lo que pensaban y les dijo: «¿Por qué pensáis eso? ¿Qué es más fácil, decir al paralítico: "Tus pecados te son perdonados", o decir: "Levántate, coge la camilla y echa a andar"? Pues, para que veáis que el Hijo del hombre tiene autoridad en la tierra para perdonar pecados –dice al paralítico–: "Te digo: levántate, coge tu camilla y vete a tu casa"». Se levantó, cogió inmediatamente la camilla y salió a la vista de todos. Se quedaron atónitos y daban gloria a Dios, diciendo: «Nunca hemos visto una cosa igual» (Mc 2,3-12).

Lo primero que llama la atención de esta historia es la fe audaz de los amigos que llevan sobre sus hombros a un hombre que durante todo el relato evangélico no dice ni una palabra, no hace peticiones, ni profesión de fe, y ni siquiera da las gracias. Este hombre está envuelto en el silencio de quien ya ni siquiera tiene ganas de seguir. Jesús hace por él algo que los demás no son capaces de entender: le perdona los pecados. Y sin embargo, podemos suponer que los amigos que lo llevan sobre sus hombros se han acercado a Jesús para que lo cure de la parálisis que lo convierte en un enfermo. Sin embargo, Jesús sabe que hay algo más terrible en la vida de esta persona, y esta cosa terrible no coincide con su invalidez externa, sino con algo que nadie más puede ver excepto él solo. Efectivamente, ve en el corazón de este hombre una parálisis peor que la de sus piernas, y por eso realiza un milagro cuyo alcance solo ese hombre puede comprender. Pero la gente que está presente, sobre todo los escribas, se escandalizan por estas palabras de Jesús: «¿Por qué habla este así? Blasfema. ¿Quién puede perdonar los pecados, sino solo uno, Dios?». En última instancia, tienen razón: solo Dios puede perdonar los pecados, solo Él puede perdonar de verdad. Pero la cuestión es precisamente esta: Jesús es Dios, pero son ellos los que aún no lo han entendido. Les cuesta comprender que el extraño *rabboní* que habla de manera tan convincente no es un mago de las palabras, sino la mano misma de Dios extendida sobre cada hombre y cada mujer para que puedan salir de su propio infierno (cf Lc 11,20).

Es más fácil aceptar que él tiene el poder de curar enfermedades, que no que tiene el poder de perdonar. Y sin embargo, si hay una razón por la que Jesús vino al mundo es para darnos el perdón. Esa es, en efecto, la forma más elevada del Amor de Dios. El

Padre nos ama con un amor que nos libera del mal que hemos cometido o sufrido. Demasiadas veces permanecemos aprisionados en situaciones y acontecimientos que generan sentimiento de culpa, ira, resentimiento, hasta el punto de hacernos desear la muerte. Jesús tiene el poder de liberarnos de todo esto. Solo así la vida puede fluir nuevamente y la existencia recupera nueva savia vital.

La misericordia narrada por Jesús

Si se leen las páginas del evangelio de Lucas impresiona la continua preocupación de Jesús por hacer llegar la misericordia allí donde los escribas y fariseos quieren establecer el juicio y la condenación. Es precisamente para explicar a estos últimos la mentalidad de Dios por lo que Jesús nos ofrece las tres parábolas de la misericordia. Con el relato de la oveja perdida (cf Lc 15,3-7), intenta explicarnos que no hay lejanía que Dios no pueda alcanzar con su Amor. Efectivamente, de forma insensata, el pastor de la historia de Jesús deja las noventa y nueve ovejas para ir a buscar a la única que se ha perdido. Para él esa única oveja lo vale todo. Y cuando la encuentra se llena de alegría y lo celebra con sus amigos. Es el intento de Jesús de explicar a los escribas y fariseos que a los ojos de Dios cada uno de nosotros es como esa ovejita. Cada uno de nosotros es amado de una manera tan profunda que Dios se inventaría cualquier excusa con tal de encontrarnos. La segunda parábola cuenta la historia de una mujer que, esta vez, pierde una moneda en su casa (cf Lc 15,8-10). Es significativo este relato porque, a diferencia del primero, no hay distancias que cubrir, sino que se trata de encontrar algo ahí donde siempre estuvo, pero que ahora ya no está. Jesús está tratando de decir que el perdón no concierne solo a las personas que cometen errores importantes desviándose del camino recto. Quiere decir que, a veces, incluso sin hacer grandes cosas, nos perdemos allí donde estamos, ya no nos sentimos felices, comenzamos a albergar resentimiento e insatisfacción. Se necesita el perdón también por la infelicidad que a veces se apodera de nuestra vida.

Oveja y moneda son solo imágenes de los dos hijos del Padre de la última parábola (cf Lc 15,11-32). El hijo más joven se marcha de casa –oveja descarriada– y gasta todos sus bienes en fiestas y prostitutas. El mayor se queda en casa –moneda perdida– pero allí no es feliz, pensando y actuando como siervo y no como hijo. Ambos hijos necesitan el Amor misericordioso de su Padre. Para ambos Él se mueve, sale a su encuentro, trata de respetar su libertad, pero les ayuda a comprender que las cosas deben verse desde una perspectiva que no entra en sus cálculos, hasta que Él mismo, Padre amoroso, se la revela a través de su ternura, de sus gestos, de su preocupación. Este Padre no es un padre patrón, sino un Padre inédito que necesita ser creído y acogido.

Toda la predicación de Jesús y toda su vida son el intento de hacer cada vez más evidente la lógica del perdón, la lógica de la misericordia. Por eso se deja tocar por las prostitutas o va a comer a casa de los publicanos. No busca consensos, al contrario, de ese modo perdería credibilidad, pero está dispuesto a arriesgarlo todo para que cada una de estas personas experimente que es amada ante los ojos de Dios y que, por eso mismo, sea capaz de aceptar ese perdón que le permitirá cambiar de vida.

Este es el caso de aquella mujer que se cuela en la cena en casa de Simón el fariseo. Al verla llorar a los pies de Jesús, el dueño de la casa piensa para sí:

«Si este fuera profeta, sabría quién y qué clase de mujer es la que lo está tocando, pues es una pecadora». Jesús respondió y le dijo: «Simón, tengo algo que decirte». Él contestó: «Dímelo, Maestro». «Un prestamista tenía dos deudores: uno le debía quinientos denarios y el otro cincuenta. Como no tenían con qué pagar, los perdonó a los dos. ¿Cuál de ellos le mostrará más amor?». Respondió Simón y dijo: «Supongo que aquel a quien le perdonó más». Y él le dijo: «Has juzgado rectamente». Y, volviéndose a la mujer, dijo a Simón: «¿Ves a esta mujer? He entrado en tu casa y no me has dado agua para los pies; ella, en cambio, me ha regado los pies con sus lágrimas y me los ha enjugado con sus cabellos. Tú no me diste el beso de paz; ella, en cambio, desde que entré, no ha dejado de besarme los pies. Tú no me ungiste la cabeza con ungüento; ella, en cambio, me ha ungido los pies con perfume. Por eso te digo: sus muchos pecados han quedado perdonados, porque ha amado mucho, pero al que poco se le perdona, ama poco». Y a ella le dijo: «Han quedado perdonados tus pecados». Los demás convidados empezaron a decir entre ellos: «¿Quién es este, que hasta perdona pecados?». Pero él dijo a la mujer: «Tu fe te ha salvado, vete en paz» (Lc 7,39-50).

La lección es inmensa: Jesús sabía muy bien quién era esa mujer, y es precisamente por eso se deja encontrar por ella del modo más pertinente. La acción pastoral de Jesús no pretende ocultar la Verdad, sino hacerla accesible a partir de las experiencias concretas de las personas. Por eso le demuestra al dueño de la casa que el amor llega hasta donde no llega el formalismo.

Otro caso es la historia del publicano –recaudador de impuestos– Zaqueo (cf Lc 19,1-10). Al pasar por Jericó, Jesús se detiene deliberadamente a comer en casa de este hombre, aunque sabe que es el jefe de los publicanos. No pone condiciones, solo va con un gesto de total gratuidad. Podríamos haber esperado tal vez una regañina inicial, o alguna reprimenda pública que dejara claro que sentarse a su mesa no significaba de ninguna manera condescender con sus fechorías. Pero Jesús no hace nada de esto, ama a ese hombre de forma totalmente gratuita, aunque sabe que todo esto le hará perder credibilidad ante el resto de la ciudad. Será Zaqueo quien, impresionado por tal amor, se arrepentirá y cambiará de vida, pero no habría habido ninguna conversión si Jesús, con su presencia, no hubiera traído el perdón a aquella casa.

En esto es en lo que consiste el milagro del perdón. Por eso no debemos cansarnos nunca de pedirle al Padre que nos perdone, que perdone nuestras ofensas, que nos libre de todo lo que aprisiona nuestra vida y la convierte en un infierno. Efectivamente, a veces con el mal hecho construimos a nuestro alrededor prisiones doradas. Pero por muy brillantes que sean, siguen siendo prisiones. Solo el perdón puede sacarnos de ellas, y me atrevería a decir que solo el perdón puede provocar en nosotros un verdadero arrepentimiento. De hecho, a veces no es el arrepentimiento lo que precede al perdón de Dios, sino que es su amor gratuito el que nos da la fuerza para arrepentirnos y cambiar de vida. Jesús mostró a lo largo de su vida cómo este Amor salvó y cambió la vida de muchos. Todo el mundo debería sentir, cada vez más, esa necesidad. Por eso no debemos cansarnos nunca de pedirlo. Sigue siendo significativo que, al pedir al Padre que perdone nuestras ofensas, en cierto sentido asumimos la responsabilidad no solo de nuestros pecados, sino de los pecados de todos. Somos responsables de la vida de los demás y también del daño que otros causan. Lo explica muy bien san Pablo cuando dice: «Y si un miembro sufre, todos sufren con él; si un miembro es honrado, todos se alegran con él. Pues bien, vosotros sois el cuerpo de Cristo, y cada uno es un miembro» (1Cor 12,26-27).

El perdón recibido y otorgado

Pero ahora conviene centrarse en la segunda parte de esta petición: *«Como también nosotros perdonamos a los que nos ofenden»*. En efecto, si por un lado nos damos cuenta de que la vida necesita el perdón para ser experimentada, no hay que dar por supuesto que el perdón recibido se convierta en perdón otorgado a los demás. Puede parecer un contrasentido, porque quien ha sufrido por algo sabe mejor que otros cómo se siente uno cuando tiene alguna necesidad. Pero la compasión no es una acción automática en el corazón del hombre que sufre. Por eso Jesús cuenta una parábola para advertirnos contra semejante actitud de cerrazón, y lo hace precisamente para responder a la petición de Pedro sobre la cuantificación del perdón:

Acercándose Pedro a Jesús le preguntó: «Señor, si mi hermano me ofende, ¿cuántas veces tengo que perdonarlo? ¿Hasta siete veces?». Jesús le contesta: «No te digo hasta siete veces, sino hasta setenta veces siete. Por esto, se parece el reino de los cielos a un rey que quiso ajustar las cuentas con sus criados. Al empezar a ajustarlas, le presentaron uno que debía diez mil talentos. Como no tenía con qué pagar, el señor mandó que lo vendieran a él con su mujer y sus hijos y todas sus posesiones, y que pagara así. El criado, arrojándose a sus pies, le suplicaba diciendo: "Ten paciencia conmigo y te lo pagaré todo". Se compadeció el señor de aquel criado y lo dejó marchar, perdonándole la deuda. Pero al salir, el criado aquel encontró a uno de sus compañeros que le debía cien denarios y, agarrándolo, lo estrangulaba diciendo: "Págame lo que me debes". El compañero, arrojándose a sus pies, le rogaba diciendo: "Ten paciencia conmigo y te lo pagaré". Pero él se negó y fue y lo metió en la cárcel hasta que pagara lo que debía. Sus compañeros, al ver lo ocurrido, quedaron consternados y fueron a contarle a su señor todo lo sucedido. Entonces el señor lo llamó y le dijo: "¡Siervo malvado! Toda aquella deuda te la perdoné porque me lo rogaste. ¿No debías tú también tener compasión de tu compañero, como yo tuve compasión de ti?". Y el señor, indignado, lo entregó a los verdugos hasta que pagara toda la deuda. Lo mismo hará con vosotros mi Padre celestial, si cada cual no perdona de corazón a su hermano» (Mt 18,21-35).

Al leer esta página del Evangelio, hay que decir en primer lugar que la pregunta de Pedro es legítima: ¿no deberíamos poner tal vez un límite al perdón? Si no fuera así, podríamos caer en la trampa de encontrarnos rodeados de personas que nunca aprenderán a responsabilizarse de lo que han hecho. Este es el razonamiento que todos hacemos muy a menudo cuando nos damos cuenta de que el perdón es un tema romántico hasta que estamos personalmente involucrados en el daño recibido. Cuando nos hieren con un perjuicio, con una injusticia o con cualquier otra forma de mal, junto con el dolor que se siente, hay también un deseo ardiente de que se haga justicia. A veces este deseo puede degenerar en venganza, pero ya es mucho si se limita a reclamar que al menos se haga justicia. El perdón parece que es una excepción a la justicia misma, pero si se vuelve infinito, ¿qué pasa con la justicia?

Habría mucho que decir con respecto a este tema, pero podemos limitarnos a afirmar que el perdón no es la condonación de la justicia, sino que es una forma de aplicar la justicia misma, de tal manera que el mal cometido no siga generando mal. Efectivamente, una de las prerrogativas del mal es que, a partir de una acción, provoca una reacción. Si no se detiene este mecanismo de acción/reacción, el mal seguirá generando otro mal en un círculo vicioso infinito. El perdón tiene el poder de bloquear este mecanismo perverso, pero no mediante la anulación de la justicia, sino mediante la eliminación de todos los efectos colaterales.

Hace unos años tuve la suerte de ir de viaje con un hombre que había vivido una gran tragedia en su vida: habían matado a su esposa, a su hija y a su nieto de una manera terrible. En los días siguientes al descubrimiento del crimen y de sus responsables, me impactaron las palabras de este hombre: «Perdono a los que se han manchado con este terrible crimen contra mi familia». El perdón de este hombre no sustituyó el juicio y las consiguientes cadenas perpetuas de los responsables, sino que era la manera cristiana de querer renunciar a seguir cultivando el rencor en su corazón hacia esas personas.

La pregunta es si se puede decir que realmente se consigue perdonar a alguien de esta manera, pero precisamente hablando con él durante el viaje que hicimos juntos, me dijo: «Cada mañana tengo que volver a perdonarlos, porque cada día surge dentro de mí el odio, pero no quiero de ninguna manera que se arraigue en mi corazón». Fue una lección inmensa para mí: el perdón es un arte de todos los días y no solo de una vez en la vida.

Yo añadiría que, cuando no seamos capaces de hacer como este hombre, siempre podemos orar pidiendo a Dios que nos dé la gracia de poder perdonar. ¿Y por qué deberíamos hacer esto? Jesús lo explicó bien en su parábola: cada uno de nosotros es objeto de la misericordia de Dios y, por eso mismo, debemos aprender a mostrar misericordia hacia nuestros semejantes. Pedir perdón y no estar dispuestos a darlo por parte nuestra también nos impide a nosotros poder recibir plenamente el perdón. En efecto, una de las cosas que el perdón recibido debe provocar en nosotros es una auténtica conversión, es decir, un cambio radical en nuestra manera de razonar y actuar. Si el perdón no cambia nuestra vida, entonces solo nos habremos mentido a nosotros mismos y a quien nos dio ese perdón.

Por eso cada vez que nos acercamos al sacramento de la Reconciliación deberíamos preguntarnos siempre si estamos dispuestos a cambiar, a pensar a partir de ese momento de una manera diferente y también a tomar decisiones diferentes. Es cierto que luego está la fragilidad de nuestra condición humana, que nos hace darnos cuenta de que, al final, tropezamos casi siempre con la misma piedra, pero Dios nos dice claramente que está dispuesto a

perdonarnos siempre, con tal de que siempre este-
mos dispuestos a arrepentirnos y a intentar vivir de
otra manera.

Bastaría fijarse en el amor y la paciencia con
que un padre o una madre observan a su hijo que
está aprendiendo a andar. Sus innumerables caídas
no despiertan la ira de sus padres, sino su ternura:
efectivamente, se acercan a su hijo y lo animan, lo
levantan, lo consuelan si se hace daño al caer y lo
ayudan a intentarlo de nuevo. Es así como, con el
tiempo, esos innumerables intentos se convierten en
cambio y en una nueva capacidad de ese hijo.

El perdón es la forma que Dios utiliza para ayudarnos a vivir según nuestra más auténtica voca-
ción. Todo ser humano se mantiene en pie solo si
ama, y el pecado es siempre, en cualquier caso, un
fracaso del amor, una caída que atañe estrecha-
mente a esta capacidad nuestra. En efecto, basta
mirar nuestras historias de pecado e inmediatamente queda claro que para nosotros pecar significa no
amarnos a nosotros mismos de manera sana, no
amar a Dios dándole el primer lugar, es decir, el
lugar fundacional que sostiene toda la construc-
ción de la vida, y no amar al prójimo ignorándolo
o usándolo como nos plazca. Leyendo el pecado a
través de la lente del amor, nos damos cuenta de
que el pecado es un fracaso de la plenitud del amor
en nuestras vidas. Dios sabe bien que mientras no

consigamos amar nunca seremos felices, y tiene paciencia con nosotros con la esperanza de que, caída tras caída, al final aprendamos a estar de pie. En cambio, el objetivo del mal es hacer definitiva la caída, abandonarnos en nuestros fracasos. La condena, en efecto, es una cristalización de nuestras faltas: ¡tú eres tu error! La cárcel a la que Jesús se refiere en su parábola representa precisamente la cárcel de la culpa.

Nuestro verdadero problema es que, con demasiada frecuencia, razonamos como razona el mal y no como razona nuestro Padre que está en el cielo. Por eso sucede muchas veces que nuestra vida encalla: no porque Dios haya decidido clavarla en nuestros errores, sino solo porque somos nosotros los que no nos perdonamos a nosotros mismos, y, precisamente porque somos incapaces de perdonarnos a nosotros mismos, nos convertimos también en impedimento frente al Amor Misericordioso de Dios. Porque quien no se perdona a sí mismo tampoco consigue perdonar a los demás, y así todo se vuelve cada vez más insoportable, inhumano y socava en su base la vida misma.

No creo exagerar cuando digo que la verdadera raíz de toda guerra comienza siempre en el pequeño corazón del hombre. Ese perdón no otorgado o no aceptado se vuelve poco a poco cada vez mayor hasta convertirse en conflicto, en guerra y muerte.

Y todo, solo porque no nos hemos dejado convertir por la Misericordia que perdona y cambia nuestra manera de pensar y vivir. Por eso, Señor, ¡perdónanos siempre nuestras ofensas, y enséñanos a perdonar por nuestra parte a los que nos ofenden! Entonces sí que seremos hijos de ese Padre que Jesús nos reveló con palabras que vale la pena citar una vez más íntegramente:

Habéis oído que se dijo: «Amarás a tu prójimo» y aborrecerás a tu enemigo. Pero yo os digo: Amad a vuestros enemigos y rezad por los que os persiguen, para que seáis hijos de vuestro Padre celestial, que hace salir su sol sobre malos y buenos, y manda la lluvia a justos e injustos. Porque, si amáis a los que os aman, ¿qué premio tendréis? ¿No hacen lo mismo también los publicanos? Y, si saludáis solo a vuestros hermanos, ¿qué hacéis de extraordinario? ¿No hacen lo mismo también los gentiles? Por tanto, sed perfectos, como vuestro Padre celestial es perfecto (Mt 5,43-48).

Es el perdón recibido y otorgado lo que nos hace perfectos como nuestro Padre que está en los cielos.

5
No nos dejes caer en la tentación, y líbranos del mal

El Padre no nos deja solos

Las últimas palabras que Jesús nos da en la oración del Padrenuestro consisten en la doble petición de que no nos deje caer en la tentación y que nos libre del mal.

Comencemos por la primera expresión. La traducción oficial española es: *«No nos dejes caer en la tentación»*. Aunque es difícil establecer con certeza cómo habría que traducir al español la expresión griega original, es bastante cierto que esta traducción sirve ante todo para disipar cualquier duda sobre la paternidad de la tentación. No es Dios el autor de la tentación, sino Satanás, y pensar que entre las prerrogativas de Dios está también la de atormentar sádicamente a sus hijos con trampas es negar en su raíz toda la predicación de Cristo y anular de un solo golpe toda la oración del Padrenuestro, que comienza con la palabra reveladora de «Padre».

Es el mismo Jesús quien, en el evangelio de Mateo, entre las advertencias sobre la oración, dice claramente: «Pedid y se os dará, buscad y encontraréis, llamad y se os abrirá; porque todo el que pide recibe, quien busca encuentra y al que llama se le abre. Si a alguno de vosotros le pide su hijo pan, ¿le dará una piedra?; y si le pide pescado, ¿le dará una serpiente? Pues si vosotros, aun siendo malos, sabéis dar cosas buenas a vuestros hijos, ¡cuánto más vuestro Padre que está en los cielos dará cosas buenas a los que le piden!» (Mt 7,7-11).

«Cuánto más vuestro Padre que está en los cielos» resalta sin ningún lugar a dudas que, entre las prerrogativas de Dios, está, sobre todo, el hecho de que no puede ser superado en bondad y bien. Es importante subrayar este aspecto, porque a menudo sucede que cultivamos actitudes de fe que traicionan a Dios porque se basan más en el miedo que en la certeza de su Amor. Quizás sea todavía una cicatriz que llevamos como signo del pecado original.

El relato del Génesis parece sugerirnos que, estructuralmente, dentro de cada uno de nosotros existe una falta de confianza que es necesario convertir y sobre la cual el mal construye muy a menudo sus castillos:

Cuando [Adán y Eva] oyeron la voz del Señor Dios que se paseaba por el jardín a la hora de la brisa,

Adán y su mujer se escondieron de la vista del Señor Dios entre los árboles del jardín. El Señor Dios llamó a Adán y le dijo: «¿Dónde estás?». Él contestó: «Oí tu ruido en el jardín, me dio miedo, porque estaba desnudo, y me escondí». El Señor Dios le replicó: «¿Quién te informó de que estabas desnudo?, ¿es que has comido del árbol del que te prohibí comer?». Adán respondió: «La mujer que me diste como compañera me ofreció del fruto y comí». El Señor Dios dijo a la mujer: «¿Qué has hecho?». La mujer respondió: «La serpiente me sedujo y comí» (Gén 3,8-13).

De manera genial, el libro del Génesis parece sugerir que la obra del mal está enteramente dirigida a dañar la relación de confianza vital que debería existir entre el hombre y Dios. Si la imagen de Dios que llevamos dentro de nosotros es negativa, huelga decir que no solo la vida de fe queda envenenada por esta imagen, sino que incluso allí donde se construye cualquier relación, siempre estaría marcada por esta duda no confesada de tener que lidiar con un patrón malo y no con un Padre amoroso. En la parábola de los talentos, el siervo que, por miedo, no invierte en nada su único talento, hace una reflexión que muestra claramente cómo la imagen que tiene de Dios está completamente tergiversada:

Se acercó también el que había recibido un talento y dijo: «Señor, sabía que eres exigente, que siegas donde no siembras y recoges donde no esparces, tuve miedo y fui a esconder tu talento bajo tierra. Aquí tienes lo tuyo». El señor le respondió: «Eres un siervo negligente y holgazán. ¿Con que sabías que siego donde no siembro y recojo donde no esparzo? Pues debías haber puesto mi dinero en el banco, para que, al volver yo, pudiera recoger lo mío con los intereses. Quitadle el talento y dádselo al que tiene diez. Porque al que tiene se le dará y le sobrará, pero al que no tiene, se le quitará hasta lo que tiene. Y a ese siervo inútil echadlo fuera, a las tinieblas; allí será el llanto y el rechinar de dientes» (Mt 25,24-30).

¿Qué es lo que no funciona en el razonamiento de este siervo? El hecho de que, a diferencia de sus otros compañeros, él sigue pensando como un siervo, mientras los demás «arriesgan» sus talentos, pensando y razonando como si fueran hijos del amo y, por tanto, en cierto sentido, como dueños de ese bien. La imagen que tenemos de Dios es reveladora no solo de nuestra verdadera fe, sino también de los resultados que ella puede traernos. Ser discípulos de Jesús significa dejarle a él la prerrogativa de contarnos la verdadera identidad del Padre.

Toda la vida de Jesús es un testimonio largo e intenso de cómo el Padre ha amado y ama verdaderamente a todos. «Porque tanto amó Dios al mundo, que entregó a su Unigénito, para que todo el que cree en él no perezca, sino que tenga vida eterna. Porque Dios no envió a su Hijo al mundo para juzgar al mundo, sino para que el mundo se salve por él. El que cree en él no será juzgado; el que no cree ya está juzgado, porque no ha creído en el nombre del Unigénito de Dios» (Jn 3,16-18). La verdadera condena, como bien dice el texto de Juan, es no creer en ese amor, es no construir la vida precisamente a partir de ese amor. El infierno es no tener un Amor tan digno de confianza que podamos construir sobre él nuestra frágil vida. El infierno es ver nuestra condición de criaturas solo como un montón de polvo. Fe es saber que Dios amó este polvo nuestro hasta darle vida: «Entonces el Señor Dios modeló al hombre del polvo del suelo e insufló en su nariz aliento de vida; y el hombre se convirtió en ser vivo» (Gén 2,7). Pero hizo todavía más: envió a su Hijo para redimirlo definitivamente.

Todo esto solo para decir que, mientras oramos a nuestro Padre, llegando a este punto de la oración, debemos disipar todo pensamiento distorsionado que nos haga imaginar a Dios como autor de la tentación, y darnos cuenta de que el único autor de la tentación es el mal. Sin embargo, nosotros podemos pedirle a Dios que es nuestro Padre que no nos deje solos cuando el mal se presenta a las puertas de nuestra existencia. Es una petición importante porque revela un rasgo de nuestra humanidad que también Jesús experimenta: sentirse solos en los momentos más difíciles, mientras la tormenta arrecia a nuestro alrededor.

El Padre no nos deja, especialmente en la hora de la prueba

En el relato de las tentaciones que narra el evangelista Mateo se encuentra un detalle significativo que sella el momento de la victoria de Jesús contra el mal: «Entonces lo dejó el diablo, y he aquí que se acercaron los ángeles y lo servían» (Mt 4,11). Podríamos pensar que estos ángeles, que expresan la ayuda concreta de Dios, su misteriosa Presencia, ya estaban allí a su lado, pero tal vez no podía verlos mientras ardía la prueba. Vencer el mal significa darnos cuenta de que no estábamos solos, que el Padre nos había dado toda la ayuda que necesitábamos. Esto es lo que dice claramente san Pablo en la primera Carta a los corintios: «No os ha sobrevenido ninguna tentación que no sea de medida humana. Dios es fiel, y Él no permitirá que seáis tentados por encima de vuestras fuerzas, sino que con la tentación hará que encontréis también el modo de poder soportarla» (1Cor 10,13).

Es lícito que un hijo, como lo hizo el mismo Jesús, pida a su Padre que no lo deje solo, especialmente cuando el mal nos asalta y nos empuja a la desesperación. El evangelista Lucas pone un ángel en la agonía de Jesús en Getsemaní, como para subrayar que, en el momento en que Jesús se siente más débil, asaltado por la angustia mortal y el miedo de lo que le espera, no es abandonado a su suerte:

Salió y se encaminó, como de costumbre, al monte de los Olivos, y lo siguieron los discípulos. Al llegar al sitio, les dijo: «Orad, para no caer en tentación». Y se apartó de ellos como a un tiro de piedra y, arrodillado, oraba diciendo: «Padre, si quieres, aparta de mí este cáliz; pero que no se haga mi voluntad, sino la tuya». Y se le apareció un ángel del cielo, que lo confortaba. En medio de su angustia, oraba con más intensidad. Y le entró un sudor que caía hasta el suelo como si fueran gotas espesas de sangre. Y, levantándose de la oración, fue hacia sus discípulos, los encontró dormidos por la tristeza, y les dijo: «¿Por qué dormís? Levantaos y orad, para no caer en tentación» (Lc 22,39-46).

Jesús dice claramente que la tentación se vence con la oración. ¿Y qué es realmente la oración? El recuerdo continuo de no estar solos y de ser amados hasta el punto de poder afrontar y superar cualquier mal que se presente. Vemos entonces que la petición de no ser abandonados en el momento de la prueba no sirve para convencer a Dios de que se haga presente, sino para acordarnos de que no estamos solos, precisamente cuando más lo necesitamos.

Viene en nuestra ayuda una imagen que quizás nos ha sucedido más de una vez en la vida: en momentos difíciles, cuando tenemos la suerte de que alguien que nos ama nos coge de la mano, aunque sintamos esa certeza en nuestras manos, necesitamos decir todavía: «¡No me dejes!». Es nuestra manera de admitir nuestra debilidad y al mismo tiempo dejar espacio al aliento que nos viene de la sola presencia de quien está a nuestro lado. Estamos seguros de que nuestro Padre no nos dejará, especialmente en la hora de la prueba, y la certeza nos la dio Jesús: él asumió nuestra condición humana para llenar con su Presencia cada fragmento de vida, de manera que nadie pueda jamás decir: «Estoy solo».

Por eso le pedimos «que no nos deje caer» únicamente para recordarnos que nunca estamos solos, incluso cuando nos sentimos solos. La fe, en efecto, es saber que no estamos solos incluso cuando, a través de diversas vicisitudes, experimentamos la soledad. Los grandes maestros de la vida espiritual siempre marcan la diferencia entre la *ausencia* y el *sentimiento de ausencia*. Dios está siempre presente, incluso cuando «sentimos» lo contrario. La fe es una certeza mayor que nuestros sentimientos.

La lucha contra el mal

«Y líbranos del mal» es la última petición que contiene la oración del Padrenuestro. Nunca como hoy habíamos vivido un momento histórico que pasa de ridiculizar la idea de la existencia del mal como algo concreto, y no solo simbólico, a enfatizar el mal de modo que eclipse cualquier intento de hablar del bien. El camino del discípulo de Jesús debería discurrir entre estos dos excesos. El mal existe, como dijo san Pablo VI en una memorable Audiencia general del 15 de noviembre de 1972 en la que comentaba la expresión «líbranos del mal»:

El mal no es solamente una deficiencia, sino una eficiencia, un ser vivo, espiritual, pervertido y perversor. Terrible realidad. Misteriosa y pavorosa. Se sale del cuadro de la enseñanza bíblica y eclesiástica quien se niega a reconocer su existencia; o bien quien hace de ella un principio que existe por sí y que no tiene, como cualquier otra criatura, su origen en Dios; o bien la explica como una pseudorrealidad, una personificación conceptual y fantástica de las causas desconocidas de nuestras desgracias. El problema del mal, visto en su complejidad y en su absurdidad respecto de nuestra racionalidad unilateral se hace obsesionante: constituye la más fuerte dificultad para nuestra comprensión religiosa del cosmos. No sin razón sufrió por ello durante años san Agustín: «*Quaerebam unde malum, et non erat exitus*», buscaba de dónde procedía el mal, y no encontraba explicación (*Confesiones*, VII, 5, 7, 11, PL., 22, 736, 739). He aquí, pues, la importancia que adquiere el conocimiento del mal para nuestra justa concepción cristiana del mundo, de la vida y de la salvación. Primero, en el desarrollo de la historia evangélica, ¿quién no recuerda, al principio de su vida pública, la página densísima de significados de la triple tentación de Cristo? Y después, en los múltiples episodios evangélicos, en los cuales el Demonio se cruza en el camino del Señor y figura en sus enseñanzas (cf Mt 12,43). ¿Y cómo no recordar que Cristo, refiriéndose al Demonio en tres ocasiones como a su adversario, lo denomina «príncipe de este mundo»? (Jn 12,31; 14,30; 16,11). Y la incumbencia de esta nefasta presencia está señalada en muchísimos pasajes del Nuevo Testamento. San Pablo lo llama el «dios de este mundo» (2Cor 4,4), y nos pone en guardia sobre la lucha a oscuras que nosotros cristianos debemos mantener no con un solo Demonio, sino con una pluralidad pavorosa: «Revestíos –dice el apóstol– de la coraza de Dios para poder hacer frente a las asechanzas del Diablo, que nuestra lucha no es –solo– contra la sangre y la carne, sino contra los principados y las potestades, contra los dominadores de este mundo tenebroso, contra los espíritus malignos de los aires» (Ef 6,12). Y que se trata no de un solo Demonio, sino de muchos, diversos pasajes evangélicos nos lo indican (cf Lc 11,21; Mc 5,9); pero uno es el principal: Satanás, que quiere decir «el adversario», «el enemigo»; y con él muchos, todos criaturas de Dios, pero caídas –porque fueron rebeldes– y condenadas (cf DS 800-428); todo un mundo misterioso, revuelto por un drama desgraciadísimo, del que conocemos muy poco.

Era justo releer íntegramente un largo extracto de aquella catequesis que tanto marcó también la reflexión sobre el mal que, como Iglesia, se hizo después del concilio Vaticano II. Al pedir a Dios que nos libre del mal debemos cultivar la debida consideración de esta presencia misteriosa del adversario que, como dice san Pedro, ronda a nuestro alrededor como un león rugiente: «Sed sobrios, velad. Vuestro adversario, el diablo, como león rugiente, ronda buscando a quien devorar. Resistidlo, firmes en la fe, sabiendo que vuestra comunidad fraternal en el mundo entero está pasando por los mismos sufrimientos» (1Pe 5,8-9).

Sin embargo, hay un aspecto que no debemos descuidar: si por un lado pedimos a Dios que nos libre del mal, al mismo tiempo nos comprometemos a no darle al mal oportunidades de entrar en nuestra vida hasta el punto de arruinarla. Mi padre espiritual me dice a menudo que el mal es un perro rabioso, pero está atado. Puede acercarse a un palmo de nosotros, pero no puede hacernos nada si nosotros no nos acercamos. El verdadero problema es el mal uso que hacemos de nuestra libertad. De hecho, para pecar no basta con ser frágiles, hace falta ser libres. Solo si somos libres podemos también tener responsabilidad, de lo contrario somos inocentes. Con demasiada frecuencia nos escondemos detrás de la pantalla de la debilidad humana para justificar malas decisiones deliberadas. Todo lo terrible que vemos presente en el mundo muchas veces tiene como protagonistas a hombres y mujeres. Prestando su libertad al mal, hacen posible que se extienda su obra destructiva, contraria a Dios. Casi podríamos decir que el mal sin la libertad del hombre no tendría posibilidad de poder actuar en la historia. Efectivamente, por su parte solo tiene un fuerte poder de seducción, pero no tiene ninguna posibilidad de poder hacer el mal concretamente, sino provocándolo, despertándolo, fomentándolo. Sin embargo, cuando se produce esta alianza inicua entre la libertad del hombre y el mal, entonces, el pecado, paso a paso, se hace cada vez más grande, más ramificado, más letal.

Un anciano exorcista decía que si el mal se mostrara en su verdadera naturaleza, nadie lo elegiría. Es el hecho de presentarse de manera seductora, como una forma de triunfar en la vida y en cada situación, lo que lo hace peligroso. En este sentido, es interesante la manera en que Jesús desenmascara un razonamiento diabólico precisamente en Pedro, roca sobre la que quiso fundar su Iglesia. Y lo más llamativo es que este discurso sigue inmediatamente a las palabras de la profesión de fe del apóstol y la consiguiente respuesta de Jesús:

«Ahora yo te digo: tú eres Pedro, y sobre esta piedra edificaré mi Iglesia, y el poder del infierno no la derrotará. Te daré las llaves del reino de los cielos; lo que ates en la tierra quedará atado en los cielos, y lo que desates en la tierra quedará desatado en los cielos». Y les mandó a los discípulos que no dijesen a nadie que él era el Mesías. Desde entonces comenzó Jesús a manifestar a sus discípulos que tenía que ir a Jerusalén y padecer allí mucho por parte de los ancianos, sumos sacerdotes y escribas, y que tenía que ser ejecutado y resucitar al tercer día. Pedro se lo llevó aparte y se puso a increparlo: «¡Lejos de ti tal cosa, Señor! Eso no puede pasarte». Jesús se volvió y dijo a Pedro: «¡Ponte detrás de mí, Satanás! Eres para mí piedra de tropiezo, porque tú piensas como los hombres, no como Dios» (Mt 16,18-23).

La mentalidad del mal es la mentalidad del mundo, y Jesús le dice claramente a Pedro que sus razonamientos son argumentaciones mundanas que no tienen en cuenta para nada la conversión provocada precisamente por el anuncio del Evangelio. Y sin embargo, parece que lo único que quiere Pedro es evitarle sufrimiento a su Maestro. Pero pensar en la vida excluyendo la lógica de la cruz es lo que más típicamente suele hacer Satanás. No es casualidad que, cuando crucificaron a Jesús, la mayoría de los presentes siguiera diciéndole que se bajase de la cruz para demostrar que él era verdaderamente el Hijo de Dios. A sus ojos, el Mesías debe ser un vencedor a la manera de este mundo, mientras Jesús elige el camino de la humildad, de la pobreza, de la debilidad, de la mansedumbre, de todo lo dicho en las Bienaventuranzas para traer la salvación de Dios de una manera verdaderamente inesperada.

Judas será culpable de traición precisamente porque, con toda probabilidad, está decepcionado por la actitud que Jesús tiene como Mesías. Mientras él espera un Mesías político que pueda liderar la revolución contra los romanos, Jesús, en cambio, elige la vida de total participación con la condición humana.

Asimismo, en la vida el mal promete victorias, éxitos y gloria en este mundo, pero a condición de perderse a uno mismo. Jesús, en cambio, nos pide que consideremos todas las cosas de este mundo como una pérdida, para poder experimentar la salvación: «Si alguno quiere venir en pos de mí, que se niegue a sí mismo, tome su cruz y me siga. Porque quien quiera salvar su vida, la perderá; pero el que la pierda por mí, la encontrará. ¿Pues de qué le servirá a un hombre ganar el mundo entero, si pierde su alma? ¿O qué podrá dar para recobrarla?» (Mt 16,24-26). Por lo tanto, ser librados del mal significa ser librados de la lógica mundana y de todas las consecuencias destructivas que trae consigo. Ser librados del mal significa pedirle al Señor que nunca deje prevalecer la oscuridad que a veces parece envolver los acontecimientos de este mundo. Ser librados del mal significa pedirle a Dios que ponga una barrera a lo que, por su naturaleza, parece abarcarlo todo; en efecto, uno de los frutos del mal es que nos hace perder la visión de conjunto y nos hace centrarnos solo en detalles inútiles.

Cuando nos damos cuenta de que hemos caído en la red del seductor, del enemigo número uno de Dios y, por tanto, también del hombre, entonces solo Dios puede salvarnos. ¿Y a través de qué actúa Él? El medio más poderoso que jamás haya existido: la cruz de su Hijo Jesús. Ese gesto de amor gratuito y total del Hijo de Dios es la derrota definitiva del mal y la victoria definitiva del Bien. ¿Y cómo se manifiesta esta victoria? Dejémonos inspirar por las palabras de san Pablo:

Pues no habéis recibido un espíritu de esclavitud, para recaer en el temor, sino que habéis recibido un Espíritu de hijos de adopción, en el que clamamos: «¡Abba, Padre!». Ese mismo Espíritu da testimonio a nuestro espíritu de que somos hijos de Dios; y, si hijos, también herederos; herederos de Dios y coherederos con Cristo; de modo que, si sufrimos con él, seremos también glorificados con él (Rom 8,15-17).

El Padrenuestro es, por tanto, la mayor profesión de fe que podemos hacer como cristianos, porque no es una simple recitación de palabras, sino un programa que involucra toda nuestra vida.

Epílogo

El evangelista Juan sitúa en el capítulo catorce de su evangelio un conmovedor diálogo entre Jesús y sus discípulos. El ambiente es el de los «discursos de despedida». Jesús está entrando en las horas de su Pasión y los discípulos no pueden admitir lo que está a punto de suceder. Entre los densos diálogos que Juan relata en su evangelio, hay uno en el que surge una petición directa de Felipe: «Señor, muéstranos al Padre y nos basta» (Jn 14,8). De hecho Felipe tiene razón: todo lo esencial de Jesús está contenido en esta petición de *ver al Padre*. «Jesús le replica: "Hace tanto que estoy con vosotros, ¿y no me conoces, Felipe? Quien me ha visto a mí ha visto al Padre. ¿Cómo dices tú: 'Muéstranos al Padre'? ¿No crees que yo estoy en el Padre, y el Padre en mí? Lo que yo os digo no lo hablo por cuenta propia. El Padre, que permanece en mí, Él mismo hace las obras. Creedme: yo estoy en el Padre y el Padre en mí. Si no, creed a las obras"» (Jn 14,9-11). Toda la vida de Jesús fue un gran, un inmenso, intento de hacer visible lo que nunca podría haberse visto (cf Éx 33,20).

En el rostro de Jesús está el rostro del Padre. En sus gestos está toda la misericordia del Padre. En sus palabras está todo el poder del Padre. En su sacrificio está todo el amor loco del Padre por nosotros, sus criaturas. Por eso la oración del Padrenuestro es como un mapa que quiere llevarnos al corazón mismo de la misión de Jesús. «En verdad, en verdad os digo: el que cree en mí, también él hará las obras que yo hago, y aun mayores, porque yo me voy al Padre. Y lo que pidáis en mi nombre, yo lo haré, para que el Padre sea glorificado en el Hijo. Si me pedís algo en mi nombre, yo lo haré» (Jn 14,12-14).

Ser escuchados es para nosotros una certeza, porque ser escuchados y atendidos testimonia que Jesús ha cumplido su misión: hacernos a todos hijos en el Hijo (cf Gál 4,4-7).

Así, rezar significa ser hijos, y ser hijos significa ser como Jesús, y ser como Jesús significa ser amados con Amor Infinito.

Rezar es dejar que el Amor de Dios inunde nuestro corazón hasta el punto de que ese Amor alcance su verdadera maduración divinizándonos.

«Dios es Amor» (1Jn 4,8.16), y quien se deja amar por Él se vuelve como Él.

Nuestra oración, entonces, será verdadera oración cuando también nosotros podamos decir como Jesús: «Quien me ha visto a mí ha visto al Padre».

Índice